Günter Johannes Henz
Daß wir tot sind, steht noch gar nicht fest

Günter Johannes Henz

Daß wir tot sind,
steht noch gar nicht fest

Prosatexte

PENDRAGON

Originalausgabe
Veröffentlicht im Pendragon Verlag
Günther Butkus, Bielefeld 2006
© Copyright by Pendragon Verlag 2006
Alle Rechte vorbehalten
Umschlagfoto: Jorg Fokuhl
Umschlag: Günther Butkus
Herstellung: Uta Zeißler
Satz: Pendragon Verlag auf Macintosh
Gesetzt aus der Adobe Garamond
ISBN-13: 978-3-86532-056-8
ISBN-10: 3-86532-056-2
Printed in Germany

Es war keinmal …
– 7 –

Die Errettung der Jungfrau
– 19 –

Bericht
über meinen Lebensgefährten
– 41 –

Ein gewisses Lächeln
– 74 –

Käfighaltung
– 78 –

Ein und aus
– 86 –

Laß uns sein ein Gedicht
– 94 –

Daß wir tot sind,
steht noch gar nicht fest
– 134 –

Es war keinmal ...

Es war einmal ein Autor, der hatte viele Geschichten geschrieben und schrieb immer noch welche dazu. Weshalb er dies tat, hätte er nicht zu sagen gewußt. Doch lassen, nein, lassen konnte er es auch nicht, und etwas anderes tun konnte er erst recht nicht. Leider fand er keinen, der aus seinen Geschichten ein Buch, ein wirkliches gedrucktes und gebundenes Buch, gemacht hätte.

Einige der fraglichen Einrichtungen lehnten mit Bedauern ab, weil ihr Programm schon so angefüllt sei, daß auf absehbare Zeit an eine Veröffentlichung nicht gedacht werden könne. Er hielt dies für eine einleuchtende Begründung, die bei ihm auch Genugtuung hervorrief – man wollte ihn schließlich nicht warten lassen –, gemischt mit tiefem Mitgefühl für die schwierige Situation der gewiß völlig überlasteten Mitarbeiter.

Andere schrieben, unverlangt zugesandte Manuskripte würden grundsätzlich nicht angenommen. Auch das wertete er nicht als Mißerfolg, denn es war schließlich keine wirkliche Ablehnung, oder? Von den meisten erhielt er gar keine Antwort auf seine doch sehr direkten Anfragen, und auch das fand er schon bald irgendwie in Ordnung, denn eigentlich haßte er selbst Aufdringlichkeiten jeder Art und war dankbar, daß man ihm seine eigene nicht ausdrücklich vorhielt, und im übrigen: Vielleicht kam ja noch eine Antwort, irgendwann einmal. Ausgeschlossen war es nicht, und das stimmte ihn auf unbestimmte Weise hoffnungsvoll: Keine Antwort zu erhalten ist nicht negativ, jedenfalls nicht ausgesprochen negativ.

Allerdings, als ihm mitgeteilt wurde, man müsse sich Zusendungen dieser Art verbitten, täglich erhalte man Berge an Manuskripten, es sei nicht nur eine Plage, sondern wohl auch eine Nötigung, man lasse das noch prüfen, und nicht einmal Rückporto habe er beigelegt und, davon einmal abgesehen, zur Rücksendung sei man ohnedies nicht verpflichtet, und mit dem Verzicht auf den sonst üblichen anredefreien Formbrief sei man ihm schon sehr weit und in sehr persönlicher Weise entgegengekommen, da errötete er vor Scham und hoffte auf Gnade vor Recht.

Manche vermißten, und das sieht er natürlich ein, eine unbedingt erforderliche Voranfrage. Andere schrieben, auf eine bloße, zeitraubende Voranfrage hin könne man aus verständlichen Gründen nicht entscheidend reagieren. Auch das sieht er natürlich ein, beides sieht er ein. Er ist, um Gottes willen, bereit, alles Erdenkliche einzusehen, selbstverständlich, und Verzeihung, und nichts für ungut!

Doch wie schön hätte alles sein können! Was wäre ihm denn überhaupt lieber gewesen: ein Festeinband, so stattlich, bleibend, unangreifbar, wenngleich auch hartleibig, ein wenig unnahbar und voller Anspruch, vielleicht aber mit einem freundlichen Lesebändchen versehen, das zum wiederholten Zugreifen, gezielten Aufschlagen und sorglosen Schließen einlud? Oder doch eher der weiche, anschmiegsame Leib einer Broschur? Er fühlte schon, wie gut, wie griffig sie in seiner Hand lag. Indes, war sie nicht in ihrer hingebungsvollen Natur allzu verletzlich, ja vergänglich, zuweilen einem nachlässigen, rücksichtslosen, vielleicht sogar mißbräuchlichen Umgang ausgesetzt!

Eigentlich unverzeihlich, aber diese Entscheidung der Erscheinungsform hatte er noch gar nicht getroffen! Jedenfalls würde er sein fertiges Buch hinaustragen ins Freie, würde sich auf belebten Plätzen, an Ein- oder Ausgängen postieren, ja, ganz recht, mit erhobenem Buch. Er würde dafür Sorge tragen, daß es seinen Weg in Buchhandlungen und Bibliotheken fände. Dorthinein, allerdings heimlich, unter dem Mantel, würde er es tragen und, wo nicht ausstellen, so doch einstellen. Am liebsten natürlich zwischen Hemingway und Hesse. Freilich, wenn man praktisch dachte: Zwischen Koch- und Kunstbänden wäre es vielleicht noch besser aufgehoben. Es hätte ihm, bei kurzem Verweilen, an nichts gefehlt.

Machte er sich mit dem eigenmächtigen Einstellen seines Werkes etwa strafbar? Nun ja, es wäre eine Art von umgekehrtem Diebstahl, vielleicht Nötigung, ganz sicher ein Schritt zum Hausfriedensbruch, wenn nicht gar eine positive Form von Vandalismus, ach ja, in jedem Fall ein Penetrieren, wenn er an die prall gefüllten Regale dachte.

Nun aber keine überstürzte Entscheidung! Die Verteilung insgesamt wollte gründlich überlegt sein. Das eine oder andere Exemplar wäre gut in einer Untergrund- oder Straßenbahn aufgehoben, ganz besonders aber in Eisenbahnen und Überlandbussen mit langen Reisezeiten, und schließlich angekommen begegnete man ihm wieder beim Aufziehen der Nachttischschublade eines Motels oder Hotels, um dort vor dem Einschlafen noch die entscheidenden Schlußseiten zu lesen. In Kirchen könnte er es zwischen die dort gestapelten Gebetbücher stecken. Lohnender freilich wäre eine Auslage in Bars, in Banken und in Parks auf Bänken. In Telefon- und Anstaltszellen müßte es wohl an die Kette gelegt werden. Dies war nun allerdings kein schöner Gedanke!

Aber all diese erregenden Vorstellungen waren hinfällig geworden, denn schließlich hatte man ihm das Unerwartete, das Entscheidende mitgeteilt: Da er noch nichts und nirgends veröffentlicht habe, insofern als eine – anders könne man es nicht bezeichnen – literarische Unperson dastehe, sehe man sich außerstande, seine Geschichten herauszubringen, denn das sei, wie sich doch wohl leicht denken lasse, stets die Voraussetzung. Ob er sich des weiteren nie Gedanken gemacht habe über die Unbescheidenheit seines Ansinnens und eines jeglichen Publizierens. Man selber habe schließlich auch nichts veröffentlicht und hätte weiß Gott alle Möglichkeiten dazu.

Dem kann und will er nicht widersprechen, und ihm wird klar, er hätte dies alles nicht tun dürfen: Nie, nie hatte er ein Anrecht auf ein eigenes Buch und würde es nie haben.

*

Was soll er nun am Ende beginnen mit seinen Geschichten? Er weiß, als Schreiber eines Dramas, einer Tragödie gar, stände es ihm gut an, seine Blätter mit halb zornigen, halb verzweifelten Blicken mittig und öffentlich durchzureißen, beidhändig in die Lüfte zu werfen und, wenn sich die Menschenmenge verlaufen hätte, wieder aufzuheben. Auch wäre es nicht unangemessen, eine Kopie zu verbrennen und die Asche an literarisch geweihter Stelle zu verstreuen.

Als Schreiber von Gedichten hingegen sollte er wohl seine Handschrift mit heißen Tränen benetzen und nebst einer Haarlocke in ein Rosenholzkästchen einschließen, um diesen Schatz für eine verständigere Zeit oder für die Ewigkeit zu bewahren.

Doch was tut er als einfacher Geschichtenschreiber? Er macht keine Geschichten, stellt sich einfach an eine Straßenecke und trägt vor. Eigentlich ›trägt‹ er nicht ›vor‹, denn so schwer sind seine Geschichten nicht, und er liest auch nicht vor, sondern er liest ganz einfach, ohne ›vor‹, denn kaum jemand bleibt stehen, und wer kurz stehen bleibt, lacht an der falschen Stelle oder zuckt mit den Schultern.

Gewiß, das ist noch kein rechter Beifall, aber es sind immerhin Regungen, die ihm zeigen: Man beginnt sich mit seinen Texten auseinanderzusetzen.

Einige besonders freundliche Passanten scheinen ihm aufmunternd zuzunicken, im Vorübergehen – es sind vielleicht tätige Leser – und ah! da kommt auch schon jemand direkt auf ihn zugeeilt, scheint etwas auf dem Herzen zu haben, ja, dieser Interessent wird fragen, wie er denn zu den Geschichten gekommen sei und wo man sie erwerben könne. Es ist wohl selten und beglückend, wenn sich bei Frage und Antwort eine derartige Gemeinschaft aus Erzähler und Hörer- beziehungsweise Leserschaft bildet! Und wirklich, der Herbeigeeilte stellt eine dieser verbindenden, verbindlichen Fragen. Ach nein! Er fragt, ob man denn sein Geld gerade als Dichter – und nicht auf anständige Weise – verdienen müsse.

Nun, das ist zumindest eine rhetorische Frage und hat insofern noch entfernt mit Dichtung zu tun. Immerhin! Er erwidert dann, er wolle keinen schnöden Mammon, nur ein wenig zuhören solle man, das wäre sehr freundlich. Nein, hört er, man habe schon genug um die Ohren.

Doch er liest laut weiter und bemerkt, daß er auf ein Publikum ganz anderer Art zählen darf. Seine neuen Zuhörer nehmen sich Zeit und Platz, sie schweigen an den richtigen Stellen und an anderen, wo er in die Runde blickt – denn auch dieses seltene Geschenk eines Augenkontakts, das hat er schon gelernt, ist ungeheuer wichtig –, erheben sich sogar einige von ihren Plätzen, um Zustimmung zu bezeugen. Und sie kratzen sich bedeutungsvoll bedächtig hinter den Ohren, wenn ihnen der Sinn einer Geschichte aufzugehen beginnt. Wen sie gar besonders gefesselt hat, der reckt sich jetzt ausgiebig und genüßlich. Ja, sie ist unter die Haut gegangen, was sage ich, sie ist so richtig in die Knochen gefahren! Am Ende bellen und miauen sie alle durcheinander.

*

Die Geschichten werden bei Tieren so beliebt, daß er sich eingeladen sieht, in Tiersalons und Zoogeschäften, sogar in Hundeclubs und Höheren Hundeschulen zu lesen, und bald schon kommt es zu den ersten Großveranstaltungen auf der grünen Wiese, wo er vor und in besinnlichen Kuh- und manchmal allzu sprunghaft mitgehenden Ziegenherden liest. Höhepunkte jedoch sind seine Abendveranstaltungen in stimmungsvoll beleuchteten, duftenden Ställen, wenn die Tiere ihr Tagwerk getan haben. Und sie dauern, bis Fuchs und Hase bedauernd »Gute Nacht« sagen.

*

Als er auf seinen Reisen einmal an einen Fischteich gelangt, legt er sich bäuchlings am Rand nieder und beginnt aus dem Kopf zu rezitieren, denn er schreibt nichts mehr auf und liest nichts mehr ab. Doch die eilig herbeigeschwommenen

Bewohner scheinen mit seinem Vortrag nicht zufrieden. Ach ja, sie können ihn nur schlecht verstehen. Natürlich! Nun schreit er einige Sätze lauthals heraus, so daß sich das Wasser kräuselt und er sogar ein Entenpaar vertreibt, das sich mit seinen Küken gerade in der Nähe niederläßt. Denn wann kann man seinen Kleinen schon einmal ein kulturell wertvolles Erlebnis verschaffen? Und die ersten Eindrücke sind ja so prägend!

Er hält inne, erschrocken über seine Roheit, und unter der sich glättenden Wasserfläche kommen schon wieder einige Fische herangeschwommen. Er weiß jetzt, was zu tun ist. Lautlos wie sie, die jetzt strahlenförmig wartend unter ihm stehen, aber mit deutlichem Lippen- und Mienenspiel, bildet er Silben, Wörter und Sätze. Manches muß er mehrmals formulieren und, aufgestützt auf seine Ellbogen, formt er helfend mit beiden Händen Bilder, Bewegungen und Bedeutungen. Er merkt, so etwas haben sie noch nicht erlebt.

Natürlich erzählt er ihnen nicht von Angelhaken und Harpunen, von heimtückischen Reusen und engmaschigen Fangnetzen, nicht vom Entgräten, Enthäuten, von Rauch und Pökelsalz, von Aquariengefängnissen und Konservensärgen und schon gar nicht von den riesigen Ölteppichen der Ozeane, sondern von reinen Quellen, rauschenden Bächen und grünblauen Flüssen, von tief fallenden Kaskaden und hoch aufsteigenden Fontänen. So kann es nicht ausbleiben: Die aus kleinsten Verhältnissen kommenden Teichinsassen sind ganz erregt ob all dieser weithin bewegten Gewässer.

Hätte er das besser nicht getan, fragt er sich. Doch er ist so gut in Schwung, denn in seiner Neugier erzählt er seine Geschichten auch immer sich selbst, und er freut sich an den munteren musikalischen Forellen, den wandernden Lachsen und den springenden Tümmlern, die ihm noch einfallen, und an den Walen, größer als dieser Weiher hier. Als Krönung aber führt er die bunten fliegenden Fische in fernen Gewässern vor. Dazu macht er die wunderbarsten Gebärden, so daß seine Zuhörer, die in Wirklichkeit Zuschauer sind, die Köpfe kreisförmig zusammenstecken und, nach vielen gemeinsamen Bewegungen schließlich zur Ruhe gekommen, sich ein wenig auf die eine und dann auf die andere Seite legen, sich hin und her wiegen und zu träumen beginnen.

Nun, es war doch gut, ihnen von all diesen Wasserwundern zu erzählen. Aber irgendwie wird ihm bewußt: So ganz geglaubt haben sie ihm die Geschichten wohl nicht. Indes, es ist keine Enttäuschung für ihn, im Gegenteil. Er weiß jetzt, daß seine wirklichen Erzählungen zu unwirklich erscheinen mußten und daß die Sehnsucht, die er vielleicht geweckt, sich als allzu unerfüllbar dargestellt hat, um wirklichen Schmerz zu hinterlassen. Nur ein wenig Stoff zum Träumen wird der Erinnerung erhalten bleiben.

Ganz sacht, mit der Kuppe seines Zeigefingers, streicht er nachdenklich über die aufgetauchten Fischrücken: Den uns nicht vertrauten Wahrheiten trauen wir wohl weniger als den uns vertrauten Unwahrheiten.

Als er schließlich aufsteht, die hoffnungsvoll zurückgekehrten Enten mit Ehrenwort auf ein andermal vertröstend, und mit einem langen, langen Winken rückwärts davongeht, kommen die Fische ein letztes Mal unter der Wasserdecke hervor und rufen ihm nach, mit lautlos offenen Mäulern. Was rufen sie? Er hätte es nicht hören können, doch er kann es sehen noch: So ganz verständlich sind sie sichtbar in den kleinen Fischgesichtern, seine Wasser-, seine Fischgeschichten.

Natürlich vernachlässigt er Tierasyle nicht. Er erzählt dort von der schnell vorübergehenden Blindheit eines ungerechten Schicksals, von gelungenen Ausbruchversuchen, von bestraften Tierfängern und bösen Tierfeinden hinter Gittern, von wirklich guten, erwartungsvoll aufnahme- und streichelbereiten Menschen in kachelofenwarmen Häusern mit schwellenden Polstermöbeln und von einem glücklichen Verweilen bei reichlicher und wohlschmeckender Nahrung, die ungestört und nach Belieben eingenommen werden kann.

Seinen Zuhörern läuft dann das Wasser einer fast besiegten Trauer aus den Augen und aus den Mäulern das Wasser einer fast befriedigten Gier. Und er? Er ist voller Freude über das, was eine auf Zukunft gerichtete Hoffnung bereits in ihrer Gegenwart bewirkt und überhaupt, daß eine Geschichte, gar seine Geschichte, dies vermag.

Einladungen von Schlachthöfen nimmt er allerdings nicht an, obgleich er manchmal denkt, es sollte auch einer ahnungsvollen Kuh oder einem ahnungslosen Kälbchen in der letzten Stunde durch eine Geschichte Trost gespendet werden. Er bringt dies nicht über das Herz, denn es käme nicht nur einer Billigung jener mörderischen Einrichtung gleich, sondern würde ihn auch nötigen, den trügerischen Blick auf einen immergrünen Kuhhimmel mit ewigem Wiederkäuen und Beisammensein aller guten Kühe, wie sie da muhend sanft ruhen, zu eröffnen.

Könnte die Aussicht auf eine Verwandlung durch mundgerechtes Zerlegen, etwa in zartflügelige Schmetterlingssteaks, oder durch Verwursten nach knackiger Wiener Art trotz der damit vielleicht zu erreichenden vermeintlichen Wiedergeburt überhaupt etwas Tröstliches an sich haben?

Nein! Todgeweihten noch eine Hoffnung anzubieten in unmittelbarer Erwartung von Keulenschlag und Bolzenschuß oder anderer Methoden des Hinrichtens vor dem Anrichten, käme dies nicht einer schändlichen Lüge gleich? Kann denn eine Welt, in der man erschlagen wird, überhaupt einen Himmel haben, in dem man verwöhnt wird? Gewiß, manch einer würde ihm eine solche Geschichte noch abnehmen. Doch er widersteht der Versuchung des immergrünen Kuhhimmels. Und er ist voller Trauer über das, was eine Geschichte nicht vermag oder nicht versuchen sollte.

*

Bar honorieren können ihn die Tiere alle nicht. Daher bieten sie nach einigem Nachdenken bei zusammengesteckten Köpfen Ruhestätte und Futter an. Und so schläft er denn an warmen Kuh- und Pferdeleibern und ißt fortan nichts Tierisches mehr, denn welcher Autor würde seine eigenen Zuhörer verspeisen, auch und gerade, wenn sie sich selbst nach ihm verzehren.

Im Laufe der Zeit paßt er sich ihnen mehr und mehr an. Längst hat er den überlegen bedrohlichen aufrechten Gang aufgegeben, seine Kleidung abgelegt: Nackt läuft er mit hochbeinigen Schweinen über die Märkte und mit bunten Hunden und wilden Katzen durch die Straßen der Städte, beißt in die eine oder andere Wade und hebt das Bein an dieser oder jener Ecke, und in klaren Nächten bellt er den Mond an.

Denn auch seine Sprache ist immer tierischer geworden. Er hat gelernt, mit den Gänsen zu schnattern und mit den

Wölfen zu heulen, und wenn er von seinen nächtlichen Auftritten vor wilden Tieren in ihren Parkgehegen zurückkommt – er schneidet jetzt auch Nägel und Mähne nicht mehr –, hört man ihn noch lange wie einen Elefanten machtvoll posaunen oder wie einen Löwen ungebändigt brüllen.

*

Eines Nachts, er hat sich gerade einer Meute streunender Hunde angeschlossen, die nur an den wildesten Abenteuergeschichten Interesse zeigen, da fängt man ihn ein, zusammen mit seiner protestierenden Begleitung. Herrenlos und ruhestörend sind sie allesamt zu einer Gefahr für die öffentliche Ordnung und Sicherheit geworden. Er versucht seine, ja, ihrer aller Situation zu verdeutlichen. Vergebens! Keiner ist oder scheint der Sprache mächtig, in der er und seine Gefährten sich durchaus nicht widersetzlich, indes vielleicht allzu lebhaft äußern.

Und während man die Hunde nach amtlicher Zwischenverwahrung einer anderweitigen, jedenfalls gemeinnützigen Verwertung zuführt, wird er von verschmitzt lächelnden Schaustellern erworben, um in einem Kirmeswagen durch die Lande gefahren und auf Jahrmärkten in einer Bude hinter Gittern ausgestellt zu werden. Er hat nun fast täglich ein zahlendes Publikum, doch es sind Zuschauer, die sich an seinem nackten Leib ergötzen, keine Zuhörer, die seiner entblößten Seele lauschen.

Nur in den Nächten findet er Trost. Sein aufsässiges, wenn nicht gar störendes Brüllen hat sich unter dem mäßigenden Einfluß mitreisender Katzen ganz verloren. Wenn er sie gehörig glattgestrichen hat, schlagen sie ihre Pfoten unter und bieten sich ihm für eine Weile als Kissen dar. Ganz nah an seinem Kopf lauschen sie dann seinen Lauten. Den Anfang kennen sie genau. Sie könnten ihn aufsagen. Doch sie hören seine sanfte Stimme so gern:

»Es-miau war-miau kein-miau mal-miau …«

Die Errettung der Jungfrau

Er hatte lange warten müssen auf diesen Abend. Die umfassende und tiefgreifende Aufbesserung seiner Garderobe – schon sehr früh war er sich dieses so notwendigen Ausgabenpostens bewußt geworden – hatte die mühsamen Ersparnisse des letzten Jahres fast völlig aufgezehrt. Was das Stück anbetraf, das man heute Abend gab, da würde man in der Tat von einem Zufall reden müssen. Gestern war seine Garderobe fertig geschneidert worden, und schon heute hatte er sich ungeachtet des Programms auf den Weg gemacht.

Mit flüchtigem Wohlgefallen betrachtete er jetzt die glänzenden Spitzen seiner Stiefeletten, die am Ende schlank geschnittener schwarzer Hosen rasch abwechselnd unter dem Rand eines weiten, überlangen schwarzen Capes hervorstießen, als er den großen Vorplatz überquerend auf die prächtige Fassade des Theaters zueilte.

Seit seiner Kindheit hatte er dieses Bauwerk umkreist, mit seinem Körper, mit seinen Gedanken. Er hatte sich um die mit Kuppeln bekrönten mächtigen Rundtürme zur Rechten und Linken gewunden, hatte jede einzelne Säule der dazwischen liegenden Hauptfassade umschlungen, war an ihnen entlang- und hinaufgeglitten über die mäßigen Schrägen des ersten Giebels mit seinen füllenden Figuren, über die rückversetzte Säulenfront des höheren Stockwerks, über den zweiten Giebel, bis hin zum höchsten Punkt, dem mit vergoldeten Steingirlanden geschmückten First des eigentlichen Bühnenhauses.

Oft hatte er sich gefragt, was ihn daran so anzog. War es der Wunsch, an einer Festlichkeit teilzunehmen, Großartiges in großer Gesellschaft zu erleben oder gar der Wunsch, dort aufzutreten, gefeiert auf der Bühne zu stehen?

*

Durch die offene Galerie hindurch eilte er jetzt gewandt die wenigen Stufen hinauf, öffnete einen Flügel des mittleren messingbeschlagenen Portals und stieß im Vorraum sogleich auf eine dichtgedrängte Menschentraube an der Kasse. Er mußte warten. Nur sehr langsam kam er der Kasse näher. Endlich!

Ja, es gibt immer noch Karten: Er ist erleichtert. – Es gibt nur noch von den allerschlechtesten: Er ist entsetzt. Dann wäre ja alles vergebens gewesen. Auf einem solchen Platz wäre er an der völlig falschen Stelle. Dort gäbe es nur einen Bruchteil möglicher Eindrücke, nur ein Quentchen des Erlebbaren. Was hört er da: Falls für den Herrn eine Loge in Betracht käme …? Aber natürlich! Da sei noch eine Parterreloge frei. Er ist erleichtert, begeistert, unendlich dankbar. Das genau, das ganz genau hatte er sich gewünscht.

Er zupft seine weißen Handschuhe aus wie die Blätter einer glückbringenden Margerite und greift zur Börse. Eine reizende Person, die Kassiererin. Sie ist ja nicht schuld an dem horrenden Preis, der seine Barschaft bis auf einen geringen Rest aufzehrt.

Oh ja, er war auch früher schon in dieses Bauwerk eingedrungen, war nicht nur an der Oberfläche haften geblieben. In den Vorraum war er schon oft gelangt, auch körperlich. Er hatte dort neben der Kasse die an der Wand unter Glas ausgestellten Sitzpläne, sodann immer eindringlicher die dekorativen Architekturzeichnungen mit Quer- und Längsschnitten des Bauwerks und die Grundrißzeichnungen aller sieben Geschosse studiert. Daß man diese Anatomie überhaupt preisgab! Mit schauderndem Entzücken hatte er darin den unterirdischen See entdeckt, der leider nur mit der Bühnenhydraulik zusammenhing, vielleicht noch zum Löschen eines Brandes bereit lag.

Er wußte beispielsweise genau, welcher Weg zu nehmen war, um in den Raum der Choristinnen oder in den Ballettprobensaal zu gelangen. Nicht, daß er dies tatsächlich beabsichtigt hätte. Nein, es diente nur zu seiner Übung. Mit geschlossenen Augen ging er auf seinem Zimmer die Gänge und Treppen zu den Ankleidekabinen der Solisten im rechten Hochparterre ab, gelangte nach Belieben zu den links und rechts von der Hinterbühne gelegenen Magazinen der Dekorationen oder benutzte, wenn ihm danach war, die nicht für das Publikum bestimmten abkürzenden Innenstiegen, die letztlich bis weit hinauf über die Bühne zu den Löschwasserreservoirs reichten. Oft war ihm, als läge sein Zimmer inmitten des Theaters, wie ein geheimer Ausgangspunkt.

*

Jetzt trägt er sein Billett vor sich her. Es vermittelt ein gutes Gefühl. Man ist am rechten Ort und ist auch berechtigt dazu. Mit anderen Besuchern betritt er durch eines von mehreren Zwischenportalen unter Vorweisen seines Billetts das große Vestibül. Nein, körperlich war er noch nicht hier, war noch nie so weit vorgedrungen. Was für ein Eindruck, verglichen mit den fleisch- und farblosen Strichzeichnungen: die mächtigen dunkelroten Säulen, der Figurenschmuck, der Marmorboden, die Statuen und Büsten, die schwebenden Figuren in den Gewölbezwickeln der Decke.

Zunächst verwirrt durch sichtbehindernde riesige Palmenkübel und den von allen Seiten ins Unendliche gespiegelten Glanz vielarmiger Kandelaber schließt er die Augen – nein, es ist keine Scheu; er ist ja hier zuhause! – und hat sofort den Plan des Untergeschosses vor sich. Natürlich! Geradeaus die große Garderobe, rechts und links die Aufgänge zum Hochparterre und zu den Logen im ersten Stock.

Er öffnet die Augen und wendet sich zielgewiß nach links. Über eine geschwungene Marmortreppe, deren mit Statuen und Kandelabern besetztes Geländer ihn hinauf geleitet, gelangt er in den ersten Stock. Die in vorlauten Farben und geschwollenen Formen gehaltene Deckenmalerei mit ihren dynastischen und mythologischen Themen sagt ihm allerdings nicht sonderlich zu. Er ignoriert auch die Garderobe im ersten Stock und wendet sich einer unauffälligen, wiederum in der linken Wand eingelassenen Türe mit der Aufschrift *Logen* zu. Die Türe öffnet sich, so, als hätte man ihn von der anderen Seite nicht nur erwartet, sondern bereits erblickt. Er weist sein Billett vor, und einer der livrierten Logenschließer läßt ihn ein in das pompöse innere Reich der Bevorzugten.

Sein Cape möchte er nicht abgeben. Als er die Schleife löst und es behutsam über den Arm legt, wird der größte Teil seiner Ersparnisse in Form eines nachtblauen Fracks sichtbar. Der Klappenkragen drückt ein wenig, doch mehr noch stört die zum Glück geheime untere Anknöpfung der steifen Hemdenbrust mittels einer Lasche. Der Logenschließer geleitet ihn über Teppiche an kleinen Salons vorbei einen langen Gang mit leichtem Gefälle hinab. Die letzte der Türen ist die Seine. Fast vergißt er es, dann gibt er sein allerletztes Geld als Trinkgeld hin.

Er ist am Ziel. Der erste Eindruck: eine nach vorne geöffnete Schatzkammer. Dann werden Einzelheiten sichtbar: Marmorweiße Pilaster zu beiden Seiten des Raums, die Zwischenflächen mit gefälteltem fraisefarbenem Seidenstoff ausgeschlagen, das Sitzmobiliar in dunklem Bleu samtgepolstert, das tiefdunkelrote Mahagoniholz in der Fläche poliert, im Schnitzwerk vergoldet. Er streicht mit dem Zeigefinger über die figürlichen Applikationen aus Bronzeguß. Die zwei und zwei Fauteuils scheinen mit ihren weit ausgestellten Armlehnen auf ebenso weit ausgreifende Hoheiten zu warten. Er nimmt einmal verstohlen zur Probe Platz, stellt sich wieder, – die Logen gegenüber sind noch nicht besetzt. Das kann ihm nur recht sein!

Vielleicht vier oder fünf Meter unter ihm, zur Linken, das leicht ausgeschwungene Proszenium der Bühne. Zurückliegend, doch hoch aufsteigend, der dunkelrote mit den goldenen Masken der tragischen und der komischen Muse bestickte Hauptvorhang, noch geschlossen.

Auch das ist gut so, denn es gibt ihm Gelegenheit hindurchzusehen, mit geschlossenen Augen hindurchzusehen, durch den Zwischenaktvorhang und den Vorhang für Szenenwechsel, hindurch auf die Bühne mit ihren Dekorationen und Versetzstücken, durch den Bühnenboden hindurch und hinab auf die untere Maschinerie mit ihren Versenkungen, Kanälen, Freifahrten, Rollen, und schließlich oberhalb der Szene, hinaufzusehen zum gefährlich durchbrochenen Schnürboden mit der oberen Maschinerie.

Und es tut gut zu wissen, daß da sind die Zug- und Hängewerke mit ihren Rollen und Seilen, vor allem aber das Flugwerk, mit dem Personen und Gegenstände durch die Luft bewegt werden können. Ach, und dann sind noch da die ebenfalls von oben her zu bewegenden Soffitten aus bemalter Leinwand. Da gibt es wohl vor allem die mit Wolken und Wölkchen besetzten rührenden Luftsoffitten, aber auch die bewipfelten Wald-, und die beschneiten Gebirgs- und nach oben abschließend die baldachinartigen Zimmerdeckensoffitten, – nicht zu vergessen den einen oder anderen wunderschönen vollständigen Horizont. Ob vielleicht ein Sonnenuntergang dabei ist oder ein über die ganze Bühne ausgespannter Regenbogen?

Ach, ja! Er mußte jetzt endlich auch körperlich ganz und gar in dieses Weltgebäude mit seinen Wunderwerken der Vergegenwärtigung eindringen und es eindringend in sich aufnehmen.

Er beobachtet, wie sich der zu seiner Rechten erstreckende große Theatersaal mit seinen vielhundert Samtsitzen, den durch Reliefs und Malereien geschmückten Wänden mit eingelassenen Logen und in Ringen aufsteigenden Rängen langsam, aber dann immer schneller füllt. Das Licht des gewaltigen mehrstufigen Kronleuchters wird jetzt gemindert.

Er steht noch an der breiten marmornen Logenbrüstung, die nach vorne eine kühle, wunderbar die Hände ausfüllende Rundung preisgibt. Man kann sich an diesem guten Griff festhaltend ein wenig nach hinten lehnen oder ein wenig nach vorne lehnen, kann auch ein wenig vor- und zurückschwingen, vor- und zurückschwingen, schwingen, schwingen.

Er kennt dieses Gefühl. Er hat solche, wie sagt man, ›Anwandlungen‹ schon früher gehabt: auf hochgelegenen Balkonen, auf Terrassen und Türmen, am stärksten ausgeprägt an steilen Küstenabhängen. Er war dabei zumeist in ablenkender Gesellschaft. Weshalb ist die Verlockung hier an dieser gar nicht so hoch gelegenen Logenbrüstung so groß? Ist es die Bedeutung des Orts, seine Öffentlichkeit, seine prunkvolle Feierlichkeit, eine unpassende Paradoxie von Ort und Tat?

Er kann sich kaum von dieser Brüstung trennen, als sich hinter ihm die Logentür mit einem Hüsteln schließt. Bis auf seinen bleiben die Plätze der Loge leer. Es überrascht und beglückt ihn. Eilends noch probiert er jeden der vier Plätze – die Loge ist sein, sie ist sein! – und wählt dann den der Bühne am nächsten liegenden aus. Es ist still geworden im Saal und auf den Rängen.

*

Der Vorhang hebt sich. Er vermeint einen leichten Hauch von Staub zu verspüren, oder ist es die prickelnde Spannung?

Das Publikum applaudiert freundlich plätschernd. Das enttäuscht ihn, wie auch die karge Kulisse: ein Raum aus grob behauenen Steinen, wohl in einer Burg. Ein Ritter oder Kriegsmann an einem Tisch sitzend. Ein Diener ist auch dabei. Sie sprechen – es ist kaum zu glauben! – einen dümmlichen, allzu langen Text über das Eierlegen, über den Mangel an Eiern. Schließlich betritt noch ein junges Mädchen die Szene, eine peinliche Szene. Er holt sein Billett hervor. Dort steht lediglich: *Loge Nr. 1, Parkett.* Er hätte doch vielleicht das Programm gezielter auswählen sollen, aber dann hätte er noch, Gott weiß, wie lange, warten müssen. Und eines dieser teuren Programmhefte hat er auch nicht gekauft. Ach, es tut nichts zur Sache. Es geht vorüber. Er sehnt den nächsten Akt, genauer gesagt, den nächsten eine Pause gewährenden Vorhang herbei. Applaus. Endlich! Vielleicht nur ein Szenenvorhang und von kurzer Dauer?

Sogleich steht er wieder an der Brüstung seiner Schatzkammer, seines Reiches. Neigt sich nach vorne, ein wenig nur weiter als zuvor, und schon reagiert seine Bauchmuskulatur, noch ein ganz klein wenig weiter, und sein Kopf droht mit leisen, verwirrenden Schwindelwellen. Irgendein aufblitzender Sicherungsmechanismus in der Muskulatur seiner Schultern zieht oder wirft ihn unvermittelt zurück, obgleich er sich immer noch mit langgewordenen, starren Armen an der Brüstung festhält. Er schließt unwillkürlich die Augen und verspürt ein Schlucken in seinem Hals.

So verharrt er stehend eine Weile, bis der plötzlich einsetzende Applaus ihn mit geschlossenen Füßen abrupt zurück in seinen Sitz stößt. Der Applaus hat doch nicht ihm gegolten? Unsinn: Der Vorhang hat sich geöffnet!

Noch einmal schließt er seine Augen für eine Weile. So stark war das Gefühl, war die Versuchung noch nie, diese Sehnsucht, dieses ziehende, süchtige Sehnen über eine Brüstung hinweg, – hinweg und hinab. Ja, ist er denn hierhergekommen, um sich über diese Rundung nach unten fallen zu lassen, einen Fall selbst herbeizuführen? Nein, auf keinen Fall, will er sagen, doch zugleich fragt er sich, weshalb er gerade diese Formulierung wählen wollte. Ja, und weshalb die Loge? Die Loge, allerdings, die Loge war ihm ungeheuer wichtig geworden. Sie war sein Gehäuse, das Schutz und Sonderstellung gewährte, ein Gehäuse mit zielgerichteter Offenheit. Offen zum Schauen und offen zum Handeln.

War so etwas möglich? Hatte er sich denn unbewußt in diese Situation versetzt, sich monatelang ahnungslos und doch gezielt darauf vorbereitet? Gut, das spielt jetzt keine Rolle mehr. Die Brüstung stellt eine Grenze dar, die er wohl nicht überschreitet, eine Art Rubikon, hinter den er nicht mehr zurückgehen könnte. Im Schreiten kann man vor- und zurückgehen, aber man kann während eines Sprungs nicht zurückspringen. Im Schreiten kann man auch innehalten, denn man behält stets den Boden unter den Füßen, im Springen nicht: Beim Schreiten wird mit kleinem Maß gemessen, mit kleiner Münze gezahlt, beim Sprung wird das ganze Vermögen eingesetzt und auf einmal dahingegeben. Nach dieser Hauptentscheidung kann man keine Gegenentscheidung, selbst keine kleineren Korrekturentscheidungen mehr treffen. Daran läßt sich überhaupt die Bedeutung einer jeden Entscheidung messen. Würde denn hier eine solche Entscheidung gefordert werden, eine Entscheidung, die ihn womöglich in die Tiefe stürzte, unweigerlich, unabänderlich, unumkehrbar?

*

Die beiden Akteure auf der Bühne – dickliche Gestalten in einem anderen Raum eines anderen oder desselben Schlosses – einer dürfte ein Kirchenfürst sein – können ihn nicht dauerhaft ablenken, wo doch sein Körper in einen Ober- und einen Unterkörper zerfallen ist: der Unterkörper, der noch hinter der Brüstung steht, hinter dieser alles entscheidenden Grenze, und der Oberkörper, der schon darüber geneigt mit dem Gleichgewicht spielt oder ringt, es vielleicht verliert und dabei das Übergewicht gewinnt.

Könnte es wirklich so sein, daß er sich – seinen Stand, seine sichere Position aufgebend – kopfüber aus dem Stehen heraus, vielleicht mit angelegten Armen wie ein schmales, schwaches Brett über diese Brüstungsgrenze beugen, biegen, wiegen und mit den Knien, Füßen, ja mit den Fußspitzen letztlich, hinüberschieben würde? Das hätte ja etwas von der Opferung eines Wehrlosen, bestenfalls etwas von einer Seebestattung an sich, wo in einem Sack über die Reling gehoben, geschoben und fallengelassen wird. Nein, so sollte es nicht sein!

Sein Stehen vor der Brüstung ist ein Stehen nicht nur räumlich vor einer Barriere, sondern auch inhaltlich vor einer Entscheidung. Ja ist es denn überhaupt noch eine Entscheidung?

Es ist jedenfalls seine eigene Vorstellung, eigen auch in dem Sinne, daß er anderen nichts vorstellt oder zur Schau stellt. Es ist eine ›Ein-Stellung‹ als ›Allein-Stellung‹, ohne das Hinsehen der anderen, eine Einstellung, die er gewonnen hat, zu der er sich hier in seiner Loge alleine eingestellt hat. Denn es geht ja wohl um das Theater.

*

Er nutzt den Wechsel zum 3. Akt, preßt wieder seine Körpermitte an diese wunderbare Brüstungsrundung und fühlt Federn, zusammengepreßte Federspiralen, in seinen Beinen wachsen, die sich lösen wollen, in einem großen Entspannungssatz sich erlösen sollen.

Aber es sind nicht nur seine drängenden Beine. Ausgelöst wurde es ja durch seine Augen. Immer wieder über die Brüstung seiner Loge wollten und wollen sie weiter hinaus. Sie schenken ihm diese Aussicht, sich wieder der Verlockung hinzugeben; sie schenken ihm diese Tiefsicht, sich wieder von der Angst gefangen nehmen zu lassen.

Ja, natürlich ist es auch Angst. Was tut er da seinem

Körper an? Auf einer Bahre wird man ihn aus dem Theater tragen, selbst wenn nur Füße oder Beine gebrochen wären. Nun, vielleicht wird es mit einer kräftigen Verstauchung abgehen. Wer weiß!

Ein Flußlauf deutet sich auf der Bühne an. Auch diesen dritten Akt eröffnen zwei Akteure, die es wörtlich miteinander treiben. Diesmal sind es schlechte Verse auf den Westwind, die ein Ritter seinem Pagen vorträgt. Er mag diese hohlen Verbalismen nicht mehr hören. Denn dort unten geschieht in Wirklichkeit etwas ganz anderes!

Dort unten herrscht immer noch diese übermäßige, auf seinen Körper konzentrierte Gravitation. Kann er ihr auf Dauer widerstehen? Ist dies denn dem Wunsch, fliegen zu können, verwandt? Nein, er ist sich da sicher: Es geht nicht um das Fliegen; es geht um das Springen. Nicht nach oben, sondern nach unten. Es ist der Abgrund!

Er hält sich dieses Wort vor Augen, ›Ab-Grund‹, wo man vom Grund abgekommen ist, keinen Grund mehr unter den Füßen hat, wo man vom Gewissen ins Ungewisse, von der Sicherheit in die Gefahr springt.

*

Er hat das Bühnengeschehen gar nicht mehr beachtet und sich in den weichen Samtpolstern des Logensitzes schwebend seiner Phantasie hingegeben. Er vermag die Situation zwar noch nicht ganz auszukosten, jedoch schon vorzukosten, als einen Sprung vor dem Sprung, als ›Vor-Sprung‹. Indes, bei aller Lebendigkeit seiner inneren Vorstellung, er kommt nicht an den Grund. Irgendwo, kurz hinter dem Absprung, reißt es ab, ist es zu Ende. Das Gefühl des Schwebens über dem Scheitelpunkt, des Hinüber- und Hinuntergleitens, des Fallens, Stürzens, ja auch des An- und Aufkommens auf dem Grund gelingt nicht, ist nicht völlig greifbar, bleibt letztlich rätselhaft, muß vielmehr auch außenwirklich-körperlich erlebt werden.

Es ist wie ein Aufbranden und langsames Verebben: Die große Pause leert und beruhigt den Saal. Es ist ihm recht so: Er springt nicht für das Publikum. Sein Beweggrund – ›Beweg-Grund‹! – wie er dieses tiefe Wort nun erst so ganz wesentlich versteht und verehrt, – sein Beweggrund ist ja ein völlig anderer. Er steht im Kampf gegen die Kräfte zurückhaltender Bindung diesseits der Brüstung wie auch gegen die Kräfte wegziehender Loslösung jenseits der Brüstung, und ihn bewegt die wachsende Sehnsucht, diese erregende Versuchung bewußt anzunehmen, sich ihr hinzugeben und sich letztlich ohne Vorbehalt – ›Vor-Behalt‹! Ach ja, auch dieses tiefe Wort ist ihm wichtig – durch einen Sprung ins Wagnis zu befreien.

Doch es ist trotz allem auch ein Sprung in die Gewißheit, die Gewißheit, einen neuen Grund zu erreichen, vom Alten ins Neue zu springen, den Grund zu ergründen, der ihn schon immer bewegt, schon immer angezogen hat. Denn ist nicht jeder ›Ab-Grund‹ zugleich ein ›Auf-Grund‹? Hier und jetzt vollendet sich sein Eintritt in dieses Theater zu einem völlig eindringenden Einsprung in die Wunderwelt: Er wird Teil derselben. Dieser Sprung in seiner gewagten Wirklichkeit vollendet gar sein Ein-Dringen zu einem Eins-Werden, das kein Billetkäufer erfühlen, kein Abonnent ersitzen, ja, nicht einmal ein Schauspieler darstellen kann.

Er wird also nicht sich vorbeugend, sich gleichsam verbeugend, über die Brüstung gleiten. Das ist schon geklärt.

Nein, nach innerem Durchleben, Vorkosten und ›Abklären‹ – wieder eines dieser neuen, alten Wörter mit tiefem Sinn – wird jetzt frisch und unverzagt hinauf auf die Brüstung gestiegen. Das ist ein Aufbruch, kein Zusammenbruch, das hat etwas Tatendurstiges, ja, man sollte wohl sagen, etwas Heldisches an sich. Da kommen Ober- und Unterkörper wieder völlig zusammen. Da hat keiner das Gleichgewicht verloren. Gemeinsam werden sie diesen Sprung, diese Tat, tun.

Er tritt zurück, ergreift sein Cape, denn er will hier nichts zurücklassen, wirft es in einer kreisenden Bewegung um die Schultern – rot flammt das Futter auf – , steigt auf seinen Fauteuil, setzt einen, dann den anderen Fuß auf die Brüstung, breitet die Arme aus, in beiden Händen wie ein Flügelpaar die Spitzen seines Capes haltend. Und nun, nicht mit beiden Beinen zugleich, verachtenswert hockend, auf der Stelle hüpfend, sondern mit dem einen sich abstoßend, mit dem anderen raumgreifend aufrecht ausschreitend tut er den Sprung.

*

Mit einem lauten Knall ist die obere Bespannung gerissen. Doch so hat die große Trommel im Orchestergraben den Sturz gemildert. Wankend und mit schmerzenden Knöcheln steigt er heraus, benommen und erstaunt und glücklich. Er hat es getan. Es ist gelungen. Er kennt jetzt das Gefühl: Es ist atemberaubend und betäubend, explosiv und befreiend.

Auf der Bühne ist er wohl nicht angekommen. Nun gut. Diesmal ist er noch nicht beachtlich weit gesprungen, dafür jedoch um so tiefer. Es schmälert nicht sein, fast hätte er gedacht: ›Hoch-Gefühl‹. Doch, das ist kaum möglich, denn er kommt ja aus der Höhe, weiß jetzt, was das ist: Höhe und Tiefe. Eines ist ohne das andere nicht denkbar. Es ist also ein tiefgehendes Hochgefühl, das er empfindet und ein neuer Halt, den er sich erhalten will.

Jetzt aber: Hat man ihn gesehen? Er blickt nach oben, keine über den Rand des Orchestergrabens gebeugten Köpfe, kein aufgeregtes Geschrei, also noch keiner, der nach ihm sucht. Dennoch, Vorsicht ist geboten! Mit beiden Armen umfaßt er die Trommel, dreht sie um – die untere Bespannung ist intakt –, rollt sich zusammen, zieht und hebt die Trommel über sich.

Er wartet nun auf Suchende, will noch warten auf das Ende des Stücks, auf das Hinausgehen der Besucher. Er fühlt sich gut aufgehoben, hat einen guten Grund erreicht, einen eigenen Raum gefunden, eine Enklave in diesem Theater.

Seine eingerollte Lage hat schließlich etwas Einschläferndes. Dumpf hört er – es muß der 4. Akt sein, der gerade beginnt – wiederum zwei Männerstimmen, die sich unterhalten. Ist soviel Einfallslosigkeit möglich? Müssen es denn immer deren zwei sein? Also laß sie reden! Es ist nicht unangenehm hier unten in diesem Trommelmuschelgehäuse: Lichter und Laute sind so gedämpft, so mild.

*

Doch da hört er wieder Stimmen. Hat er einen Akt verschlafen? Ist das Stück schon zu Ende?

Jemand fragt: »Weshalb bist Du gesprungen?«

Er ist konsterniert, rührt sich nicht, fühlt sich überführt, wo er nur hinübergesprungen ist. Doch weshalb soll er nicht zu seiner Tat stehen, seinen Sprung eingestehen?

Noch bevor er aufstehen, sich in jeder Weise stellen kann, erwidert zu seiner Verblüffung und Erleichterung eine Frauenstimme: »Wie können Sie wissen, daß ich gesprungen bin?«

Die Männerstimme: »Du wurdest im Graben liegend gefunden.«

»Mein Gott, was geht dort oben vor?« Um ihn kann es sich ja wohl nicht handeln. Dort oben steht eine Frau, doch sie ist, wie er, gesprungen. Ach nein, wohl nicht in diesen oder einen anderen Orchestergraben. Wie er jetzt hört, in einen Wassergraben, einen Burggraben. Sie dürfte insofern auch nicht aus einer Theaterloge gesprungen sein. Es war ein Turm: Sie ist von einem Turm gesprungen, der ihr Gefängnis war, also entsprungen. Auch ein recht kühnes Unternehmen, das muß man zugeben. Er hebt die große Trommel an, um jedes einzelne Wort zu hören:

Ihr Sprung sei Ketzerei gewesen, und sie solle, wie es der bewährte Brauch sei, gefoltert werden. Die Marterwerkzeuge habe man ihr bereits gezeigt.

Das versteht er nicht. Einen Augenblick bitte! Das Stück war doch bisher ganz harmlos und nun dieser hölzern-grausame Text. Gewiß, er hat sich nicht voll darauf konzentriert, aber so ernst war es ihm keinesfalls vorgekommen.

Darauf die Frauenstimme: »Ihr seid ein seltener Dummkopf.«

»Oh, oh«, denkt er, »entweder ist es jetzt doch eine Komödie, oder es wird nicht gut ausgehen.«

»Falls Ihr mir befehlt«, fährt die Frauenstimme fort, »eine Erklärung abzugeben, daß alles, was ich getan und gesagt habe und alle Visionen und Offenbarungen, die mir zuteil geworden sind, nicht von Gott kamen, so werde ich mich weigern, dies zu tun. Und wenn die Kirche verlangt, etwas gegen den Befehl Gottes zu tun, so werde ich auch dies nicht tun.«

»Bravo!« sagt er im Stillen, trotz des linkischen Satzbaus, und verläßt die Trommel.

Sehr deutlich hört er jetzt die Männerstimme sagen: »Erstens hat sie Umgang mit bösen Geistern und ist deshalb eine Hexe, zweitens trägt sie Männerkleidung, was widernatürlich und abscheulich ist.«

Darauf die Frage der weiblichen Stimme: »Sind die Hl. Katharina, die Hl. Margret und vor allem der Erzengel Michael böse Geister?«

Worauf eine andere Männerstimme die Gegenfrage stellt: »Der Geist, der dir erschienen ist, erschien dir doch wohl als nackter Mann. Wie willst du da wissen, daß es der Erzengel Michael war?«

Ein wenig später hört er jemanden fragen: »Scharfrichter, seid Ihr bereit, heute einen Ketzer zu verbrennen?«

Das genügt ihm. Leute dieser Art sind immer bereit. Er weiß jetzt, was dort oben gespielt wird. Für einen Moment schließt er die Augen und holt im Geist die Baupläne hervor. Nach diesem Sprung traut er sich alles zu. Er will nur noch große Sprünge machen in diesem neuen Leben.

*

Auf der Bühne haben Söldner gerade einen mächtigen Scheiterhaufen errichtet, an dessen Pfahl eine junge Frau in Männerkleidung angebunden steht. Die Szene füllen

Gestalten in mittelalterlichen Kostümen: Edelleute, Mönche, ein Bischof. Scheinwerfer sorgen für einen sonnigen Tag. Nur wenige blau-weiße Leinenwolken hängen am Himmel ganz oben.

Zunächst bemerkt es keiner. Doch indem jemand tröstend oder drohend ob des himmelschreienden Unrechts, das hier geschehen soll, ruft: »Der Himmel ist nicht leer«, wird es unübersehbar: Eine Bewegung hoch über der Szene. Eine Wolke gleitet herab und auf ihr mit blitzenden Stiefeletten, schlank geschnittenen schwarzen Hosen und dunkelblauem Frack unter dem weiten Cape eine Gestalt. Die Wolke stockt, sie reicht nicht ganz bis unten, doch mit einem kühnen letzten Sprung steht der Eindringling nun mitten in der Szene neben dem fast schon entzündeten Scheiterhaufen.

Das Publikum ist hellwach geworden und weit über die aufgerissenen Augen hinaus zu jeder Art von Reaktion bereit.

Die Jungfrau am Brandpfahl ist verblüfft, verärgert: Ein irrer oder konkurrierender oder sabotierender Kollege, eine verkleidete, mißgünstige Kollegin, ein Demonstrant, Attentäter oder gar Kritiker, wer auch immer, schmeißt ihre Vorstellung, hat ihr die Hauptrolle, letztlich jede Rolle entrissen! Jedenfalls wird es bei der Verbrennung eine unliebsame Verzögerung geben. Was soll sie tun? Sie kann in mehrfacher Hinsicht nichts tun. Ihre Rolle verlangt es, an diesem Pfahl stehen zu bleiben. Welchen Text sollte sie auch sprechen? Was gerade geschieht, kommt bei Shaw nicht vor, obgleich sie es dem Iren zugetraut hätte. Aber geschrieben hat er nichts dergleichen. Wenn sie etwas tut, was entscheidend vom Textbuch abweicht, ist das Stück womöglich unten durch, und eine solche Entscheidung will und kann sie dem

Regisseur ohnedies nicht abnehmen. Sie tut daher zunächst nichts: Sie steht weiter auf ihrem Scheiterhaufen und fühlt schweigend ihr Scheitern.

»Weshalb greift denn keiner ein?« fragt sich der entsetzte Regisseur. Mit Schillers Tragödie hätte er sich diesen Ärger erspart. Da wird die Heldin, obgleich der Verfasser im Nebenberuf Historiker war, nicht verbrannt, sondern stirbt auf dem Schlachtfeld. Bei Shaw aber wird verbrannt, allerdings außerhalb der Szene, und als Regisseur weiß er auch warum. Das ist technisch einfacher, risikoärmer und gibt den Akteuren als Augenzeugen Gelegenheit, ausführlich und reuevoll darüber zu berichten. Denn was das Publikum nicht sieht, das kann, darf oder muß man ihm irgendwann sagen.

Doch weshalb soll man dem Publikum den Augenschmaus ›Scheiterhaufen‹ eigentlich vorenthalten? Das hat er als Regisseur, wahrer Dramatiker und geheimer Cineast natürlich längst geändert, das war sein ureigenster Einfall, und die Augenzeugenberichte hat er selbstredend umschreiben lassen. Es gibt keinen Text, den er nicht jederzeit und in jeder Weise verbessern könnte. Die Reue hat er dem englischen Kaplan, der zuvor noch am lautesten »Auf den Scheiterhaufen mit ihr!« gerufen hatte, ohnedies nicht abgenommen. Wie weit die Kreativität eines Regisseurs durch die leblosen Papieranweisungen eines Autors – von den hölzernen Redetexten einmal ganz abgesehen – eingeengt wird, davon macht sich ja kein Theaterbesucher eine Vorstellung.

Soll er jetzt den Vorhang herunterlassen? Nein, das wäre eine Kapitulation. Dazu bringt ihn keiner! Das Problem wird szenisch kreativ gelöst: Er gibt den wenigen englischen Söldnern, über die er verfügt, einen Wink, den Störenfried zu entfernen.

Bei Shaw ist von achthundert englischen Soldaten die Rede, – manche Autoren sind wahre Maulhelden. Es kostet ja nicht ihr Geld, eine Truppe auf die Bühne zu stellen. Doch dieser Shaw hatte einen Kompromiß gefunden, kooperativ und vorausschauend sparsam: Seine Soldaten, bereit, die Hexe zu verbrennen und sicher auch imstande, mit diesem heruntergekommenen Burschen fertig zu werden, stehen unsichtbar ›vor‹ dem Tor. Als Regisseur hätte er jedes Recht, sie seinem Befehl zu unterstellen. Aber Soldaten, die in einem Textbuch ›vor‹ dem Tor stehen, sind letztlich doch das Papier nicht wert, auf dem sie stehen, wenn das Tor nicht auf der Bühne steht oder seine Vorderseite nicht sichtbar ist. Nun muß er erleben, wie sich seine allzu schwache Eingreiftruppe von drei oder vier Söldnern den wilden Protest des Publikums zuzieht.

Und so kann sich denn mit einigen eher symbolischen Schlägen eines eilends aus der Requisite entliehenen Silberknaufstöckchens unser Held befreien. Er hebt die Arme, und unter dem begierigen Lauschen seines Publikums hält er eine flammende Rede: für die Freiheit, für die Freiheit der Religion, für die Freiheit von der Religion, für die Religion der Freiheit schließlich, und dies vor allem. Sein rot gefüttertes Cape flattert, bewegt von den Windmaschinen des Scheiterhaufens, die dort weniger für Kühlung als für das Flackern der Flammenschleier zu sorgen haben.

»Laßt uns die Geschichte korrigieren«, ruft er, »sie soll nicht brennen; die heilige Johanna soll leben! Wollt Ihr das?«

Das Publikum ist begeistert. Ja-Rufe, Ja-Schreie, stehende Ovationen. Er hat das Theater erobert, vom Orchestergraben bis zum Schnürboden und jetzt auch von der Bühne bis zu den Rängen.

Nun steigt der Held auf den unter Reisig verborgenen Stufen den Scheiterhaufen hinauf, durch die Flammen hindurch – jeder hofft, nein, im Grunde weiß jeder, sie können ihm nichts anhaben – löst die lose Fessel, mit der die Hände der Jungfrau hinter dem Brand- und Schandpfahl zusammengebunden sind, nimmt sie in und auf die Arme.

Sie spürt seine Kraft und Entschlossenheit. Sie spielt mit, nein, sie ist hingerissen, sie lebt mit, es ist ja alles real. Für wen tut er dies? Für sie! In weit ausholender Gebärde schlingt sie die Arme um seinen Hals. Hier ist endlich jemand, der nicht spielt, nicht mit ihr spielt. Und sollte es doch ein Spiel sein, so ist es eine höhere Form von Spiel, keine illusionäre, eine wirkliche Verwandlung. Sie ist kein Opfer mehr. Mit ihm gemeinsam triumphiert sie. Das ist ein anderer Mann als der Dauphin, Schwächling von Gottes Gnaden, den sie auf den Thron gesetzt und der sie im Stich gelassen hat. Ist es denn eine der Stimmen, eine der Erscheinungen, die Gott ihr geschickt hat? Dann könnte es nur, sollte es nur, wird es nur, ach, wie wunderbar, der Erzengel Michael sein?!

Auf seinen Armen trägt er sie, nachdem die Flammen demütig unter seinem Tritt gegen die Windmaschine erloschen sind, unversehrt vor das Publikum hin, bis zum äußersten Bühnenrand. Er wendet sich und sie nach links und nach rechts – es kommt einer Segnung gleich – während sie grüßend den rechten Arm, mit dem sie sonst das Schwert trug, zu einem anmutigen Halbkreis formt.

Das Publikum wird zu ihrer Gemeinde, zu ihrer Truppe: Es steht im Reih und Glied der Stuhlreihen, geordnet nach Rängen, mit erhobenen Armen und mit Taschentüchern winkend, jubelnd. Man singt die Marseillaise und andere

Freiheitshymnen. Die Brandungswellen dieser kämpferischen Solidarität erreichen die Bühne, überschwemmen sie. Die englischen Söldner haben auch ohne den Wink des Regisseurs längst ihre Waffen niedergelegt. Den wenigen englischen Touristen gelingt es noch, unauffällig und mit niedergeschlagenen Augen das Theater zu verlassen. Was für ein Erfolg!

Der Regisseur ist jetzt einigermaßen angetan von dieser levée en masse. Das wäre ihm selbst auch noch eingefallen. Doch halt, was geschieht da? Fast hätte er das Zeichen für den ersten Vorhang gegeben, da schwingt sich unser Held mit dem Ruf »Es lebe unsere große Menschheitsnation, es lebe die Menschlichkeit!«, schwingt sich also unser Held mitsamt der hingerissenen Jungfrau auf die wartende Wolke. Er gibt dem Schnürmeister in der Kulisse einen Wink, der sich diesen Auftrag zur Ehre anrechnet, und schwebt, schwebt mitsamt der Erretteten rittlings himmelwärts.

Das Publikum ist konsterniert, dann begeistert. Mit gereckten Hälsen und immer wieder auf- und hochspringend versucht es ihnen zu folgen, vergebens: Man kann doch nur winken und rufen und jubeln, und alle empfinden, was es bedeutet, dabei zu sein, bei dieser heldischen Himmelfahrt.

Der Held aber hält die Jungfrau in den Armen, sieht sie unendlich glücklich, wenn auch ein wenig besorgt an: »Du weißt es wohl nicht, Johanna: Nachdem dich die heilige Mutter Kirche nur wenige Augenblicke vor dem Entzünden des Scheiterhaufens exkommuniziert hat, hat sie dich einige Jahrhunderte nach seinem Erlöschen heiliggesprochen, denn ihre Wege sind unergründlich und wundersam. Doch sieh es so: Indem sie dir das leidvolle Martyrium der Flammen gewährte, machte sie dich würdig für eine glorreiche

Heiligsprechung. Ganz untröstlich wäre ich aber, wenn sie dir diese hohe Würde nun wieder aberkennen würde oder gar nicht zuteil werden ließe. Schließlich habe ich durch diese Errettung dein Martyrium zunichte gemacht, und ohne dieses Martyrium haben sich deine Aussichten auf eine Heiligsprechung beträchtlich verschlechtert. Doch sei getröstet: Du hast noch deine Siege und nicht zuletzt deine Jungfräulichkeit. Mir jedenfalls ist sie heilig, diese höchste deiner Tugenden.«

Sie seufzt und schlägt die Augen züchtig zu Boden, der jetzt weit unter ihnen liegt.

»Nie, nie, Johanna, würde ich, könnte ich …, selbst mit deinem Willen nicht …, und wie solltest du dies auch wollen?«

Sie scheint zu nicken. Ist es Erschauern, ist es Bedauern?

Und bevor sie noch so recht einwenden kann, es sei ihr nie um eine Heiligsprechung gegangen, und was die andere Sache anginge …, da unterbricht er sie in seinem Überschwang:

»Ich habe für dich, für uns, noch große Pläne: Laß uns von hier aus, von diesem Ort mit seiner unbegrenzten, wunderbaren Kraft der Verwandlung, der Vergegenwärtigung und der Verwirklichung eine Armee des Friedens aufstellen und die erleuchtende Fackel der Freiheit, der Gleichheit und der Brüderlichkeit hineintragen in dieses besitzergreifende, unterdrückerische, kriegslüsterne, royalistische Britannien! Laß uns von unserer neu gewonnenen Höhe aus auch diesen Sprung – über den Kanal, und wenn es sein muß, über alle Meere hinweg – gemeinsam wagen!«

Bericht über meinen Lebensgefährten

Adam, um den es hier geht, mein Lebensgefährte also, war beim Reinigungstrupp und ich in der Cafeteria tätig. Wir hatten diese günstige Unterbringung auf dem Gelände, dessen Lage dem Ausschuß bekannt ist. Es fehlte uns eigentlich an nichts. Ein wenig Abwechslung außerhalb des Geländes, in den Wäldern ringsum, wäre uns allerdings willkommen gewesen. Freilich wurde das nicht gern gesehen.

Da fand Adam eines Tages bei seiner Arbeit einen wunderschönen Prospekt in einem Abfalleimer. Der Prospekt stammte von einem Hotel in Florida mit einem herrlichen Park voller Palmen vor einem weiten, hellen Strand. Sogar Papageien gab es da. Florida kannten wir aus dem Fernsehen. Natürlich konnten wir dahinunter nicht mit dem Bus fahren. Das ging nur mit dem Flugzeug.

Wie dem Ausschuß bekannt sein dürfte, war Adam bis zum fraglichen Zeitpunkt noch nicht verreist. Das war auch keinesfalls vorgesehen. Nun gut, einige kleinere Ausflüge mit dem Spezialfahrrad um die großen nördlichen Hallen herum hatte er seit unserer Verbindung unternommen. Aber geflogen war er natürlich noch nie. Eine Flugreise, das war etwas völlig Neues für ihn. Ein Glück, daß wir zusammen fliegen würden. Ich war ja auch noch nie geflogen. Auf alle Fälle wollte er in die Sonne. Er war geradezu gierig auf Sonne, und die gibt es hier oben kaum. Insofern ist die Lage des Geländes nicht günstig. Aber das hat sicher andere Gründe und geht mich nichts an. Ich muß zugeben, daß auch ich stets einen großen Sonnenhunger gehabt habe und noch immer habe. Nun gut.

Ich wußte, daß Flüge eine Menge Geld kosten und begann, kleine Beträge aus der Kasse zu nehmen. Geld hatte mich bisher nicht interessiert. Wieviel wir für das Hotel brauchten, konnten wir aus dem Prospekt herauslesen, nicht jedoch, was die Flüge kosteten. Ich mußte also vorsorglich ziemlich lange und stetig entnehmen, etwa ein halbes Jahr jeweils kleinere Beträge, und manches, was ich nicht bongte, behielt ich sowieso.

Ich bedaure das heute, denn ich handelte damals ziemlich egoistisch. Natürlich spielte auch eine Rolle, daß ich mich zu dieser Zeit noch sehr stark von Adam angezogen fühlte. Ich habe daher auch den mir erteilten Auftrag, über ihn einen Bericht zu verfassen, leichtsinnigerweise zurückgestellt und mir gesagt, den kannst du auch noch später beginnen.

Da Sie die Verhältnisse kennen, wissen Sie, daß man keine Taxe zum Gelände hin bestellen und schon gar nicht in der Umgebung eine herbeiwinken kann. Ein eigenes motorisiertes Fahrzeug hatten wir natürlich auch nicht. Wir mußten uns schon auf andere Weise davonmachen.

Da war es günstig, daß Fred Siminsky und Harry Woodstock einmal in der Woche mit einem der großen Lastkraftwagen in die Stadt fuhren, um frische Lebensmittel einzukaufen. Sie fuhren, und über ihre Abenteuer berichteten sie häufig, mehrere Großmärkte an; wie man sich denken kann, nicht den Flughafen. Aber immerhin konnten sie uns hinausbringen und in die Stadt fahren. Das war unsere Chance. Sie waren aber nicht in unsere Pläne eingeweiht. Das möchte ich unterstreichen. Als das Finanzielle klar war, beantragten wir für die nächsten Tage Urlaub. Das ging auch in Ordnung. So würde unsere Abwesenheit nicht sogleich auffallen.

Am Vorabend überprüften wir noch einmal die wichtigsten Dinge. Koffer hatten wir natürlich keine. Ich glaube, die hat es auf dem ganzen Gelände nie gegeben. Wir hatten alles Nötige in einige Plastiktüten gesteckt.

Bevor die beiden kamen, also ich meine Fred und Harry, legten wir uns mitsamt unseren Tüten unter die große Plane auf der Ladefläche und hofften, nicht entdeckt zu werden. Auf der Fahrt wurden wir stark durchgerüttelt, doch es ging alles gut. Es waren sicher zwei oder drei Stunden vergangen, als wir Geräusche von anderen Fahrzeugen hörten, die Plane anhoben und bemerkten, daß wir schon am Rande der Stadt waren, die wir von unseren Fernsehsendungen kannten. An einer Ampel sprangen wir ab und machten uns auf die Suche nach einem Taxistand, denn vom Flughafen war weit und breit nichts zu sehen.

Der Taxifahrer war ein sehr alter freundlicher Schwarzer, der auf der Fahrt erzählte, er müsse noch dazuverdienen, denn seine Altersversorgung reiche nicht aus. Von diesen Dingen hatten wir nie gehört. Auch hätte er mit seiner Frau noch die Enkel großzuziehen. Dann wollten sie irgendwann einmal einen gebrauchten Wohnwagen kaufen, um in den Süden zu fahren. Das konnten wir gut verstehen.

Die Taxe näherte sich schon bald dem Flughafen. Wir sahen eine Menge Schilder.

»So, wir fahren jetzt zum Abflug«, sagte der Taxifahrer. Mit welcher Gesellschaft fliegen Sie denn?« Das wußten wir nicht.

»Na, macht nichts«, sagte der Taxifahrer. »Achtung! Da sind wir schon.«

Der Taxifahrer hielt an und kassierte. Wir stiegen aus, und er stellte uns die Plastiktüten vor den Eingang zur

Halle. Wir gingen zu einem der vielen Schalter und fragten nach Tickets für Miami. Da waren wir allerdings ganz falsch. Die flogen hauptsächlich nach Kanada und Alaska. Sie zeigten uns aber den Weg zum richtigen Schalter, und da stellten wir uns an. »Sie haben Glück gehabt«, sagte die Dame von der Fluggesellschaft. »Normalerweise sind wir um diese Zeit ausgebucht.«

Nach dem Kauf der Tickets blieben uns noch ungefähr 800 Dollar übrig. Soviel kosteten zwei Tage in diesem tollen Hotel, allerdings ohne Verpflegung. Natürlich mußten wir uns dort auf irgendeine Weise neues Geld besorgen. Das würde sich finden.

Die Dinge funktionierten. Das war für uns immer die Hauptsache. An den Bericht dachte ich jetzt überhaupt nicht mehr.

Ich weiß heute, daß das ganze Unternehmen sehr unvernünftig war. Außerdem hatte ich eine Art Verantwortung, so war mir gesagt worden, für Adam.

*

Auf dem spiegelblanken Marmorboden schlenderten wir an Boutiquen vorbei und leisteten uns nach einigem Überlegen schließlich an einer Bar einen angeblich kolumbianischen Kaffee und ein Sandwich. Mein Gott, waren das Preise! Aber wir saßen ganz ordentlich und hatten eine gute Rundumsicht. Dann wurde es bald Zeit für den inneren Sicherheitsbereich, in dem, wie uns die freundliche Ticketverkäuferin gesagt hatte, unser Gate lag. Wir gingen also los, zeigten unsere Bordkarten vor und wurden problemlos durchgelassen. Wir waren uns einig: Das klappte alles wunderbar.

Man sagte uns, jetzt käme das Durchleuchten dran. Wir mußten alles Metallische, sogar unser Kleingeld – davon hatte ich eine ganze Menge – und Adams Gürtel in eine Schale und diese mit unseren Plastiktüten auf eine Fläche aus Rollstäben legen. Von hier aus wurde alles auf ein Transportband aus schwarzem Gummi geschoben, das unsere Sachen in einer Röhre verschwinden ließ. Vorne war sie mit herunterhängenden Gummilappen abgedeckt. Aber das kennen Sie ja wahrscheinlich. Uns war das alles neu. Das Kontrollpersonal am Bildschirm diskutierte kurz, ob mein Lockenstab nicht doch irgend etwas anderes wäre, aber dann war auch dieser Punkt erfolgreich abgehandelt. Doch nicht genug. Jetzt mußten wir selbst noch durch einen elektrischen Torbogen hindurch. Ich machte mir ein wenig Sorgen wegen Adam. Es war schließlich das erste Mal, daß er eine solche Prozedur über sich ergehen lassen mußte. Obwohl, bei mir war es auch das erste Mal. Wie üblich ließ er mir den Vortritt. Darauf ging ich diesmal jedoch nicht ein.

Nun ging also Adam in den Bogen hinein. Oh Gott! So etwas hatten die wohl noch nicht erlebt. Die Anlage spielte völlig verrückt. Es blinkte und piepte wie wild. Das Kontrollpersonal, man sah jetzt, daß es eine Sechsergruppe war, riß meinen Adam aus dem Bogen heraus und überprüfte hektisch die Anschlüsse der Einrichtung. Einer von ihnen mit einem hochgezwirbelten Bart ging selbst hindurch, aber nichts rührte sich. Dann schoben sie Adam langsam heran und darunter. Sofort begann wieder das Inferno. Die Truppe geriet schlagartig in Panik, so als hätten sie das eingeübt. Sie stießen und rissen Adam aus dem Bogen heraus. Der Bärtige sprach gestikulierend und hin- und hergehend in sein Sprechfunkgerät.

Mir wurde klar, daß ich schon wegen dieser Kontrolleinrichtung die Reise mit Adam nicht hätte antreten dürfen. Aber wer denkt denn an so etwas!

Das Personal sagte zu meinem Lebensgefährten: »Bleiben Sie stehen, wo Sie gerade sind, rühren Sie sich nicht von der Stelle«, und zu mir sagte man: »Es ist besser für Sie, wenn Sie von hier wegkommen.«

Der bärtige Kontrolleur rief den hinter uns Wartenden zu – und die Schlange war schon auf etwa zwanzig Meter angewachsen – : »Es ist eine Übung, bitte gehen Sie zurück in die große Halle. Es ist eine Übung. Es dient alles Ihrer Sicherheit. Die Abfertigung geht gleich weiter. Nur keine Panik. Es verläuft alles nach Plan C.«

Mein Adam stand unbeweglich und völlig verlassen einen Meter hinter dem elektrischen Torbogen, da, wo sie ihn stehengelassen hatten. Ich rief ihm ohne jegliche innere Überzeugung zu: »Halte aus Adam, das ist ein Mißverständnis. Die Maschine ist defekt. Es wird sich alles sehr schnell aufklären.«

»Ja, aber was ist mit unserem Flug, was wird mit der Sonne?« rief Adam zurück. »Ich möchte in die Sonne.«

»Mach dir deswegen keine Sorgen, der Flieger geht erst in einer Stunde.«

Adam schien ein wenig erleichtert. Nach einigen Minuten traten aus einer Türe, die ich bisher nicht bemerkt hatte, zwei Gestalten mit Anzügen wie aus der Raumfahrt. Sie hatten einen metallischen Wagen in der Art eines großen Industriestaubsaugers, bei sich, den sie offenbar fernsteuern konnten und jetzt tatsächlich auf meinen Adam zusteuerten. Kurz vor ihm hielt das Gefährt an und fuhr einige Stangen und Greifer aus. Es kreiste um ihn herum und schien verschiedene Aufnahmen und vielleicht auch Messungen oder sonst was von ihm zu machen. Unvermittelt legte es seine Greifer auf Adams Oberschenkel – ich sah, daß Adam zusammenzuckte und fürchtete schon das Schlimmste –, dann auf seine Brust und gab dabei einige piepsende Laute von sich. Schließlich zog es seine Greifer wieder ein, fuhr noch eine ganze Runde um Adam herum, blieb wieder vor ihm stehen, blinkte eine Weile lebhaft mit mehreren Lämpchen, machte aber schließlich abrupt kehrt und fuhr, unterbrochen von mehreren Stops, wobei es jedesmal wieder eine Drehung auf Adam zu machte, zurück zu den beiden in ihren Sicherheitsanzügen. Die schienen etliches auf ihm abzulesen, aber dann näherten sie sich langsam und schwerfällig schlurfend meinem Lebensgefährten.

Mir war klar, worum es hier ging. Ich rief ihnen zu: »Lassen Sie ihn in Ruhe, er hat keine Bombe, das ist kein Terrorist. Wir sind schon seit einem Jahr zusammen.«

Als Ausschuß, der mit den Verhältnissen hier vertraut ist, wissen Sie, daß das stimmt. Aber dort wollte man uns nicht glauben. Einer der beiden hob und senkte einen Arm in meine Richtung, und mehrere Kontrolleure ergriffen mich, zogen mich noch weiter zurück.

Die beiden in ihren Spezialanzügen waren nun bei Adam angekommen und fuhren mit ringförmigen Sensoren, wie wir sie schon kannten, über seinen Körper. Dann zogen sie ihm mit ihren dicken Handschuhen am Oberkörper die Kleider aus, wobei er mithelfen mußte – Adam war darunter natürlich kalkweiß. Da, wo wir herkommen, können Sie nicht braun werden, ich sagte es wohl schon – bedeuteten ihm noch, seine Hose zu öffnen, einer hielt Adams Jacke davor, und mein Lebensgefährte mußte kurz die Hose herunterlassen. Ich sah flüchtig die Lampen an dem metallenen Wagen aufleuchten, dachte mir aber nichts dabei.

Haben Sie schon einmal auf dem Flughafen die Hose heruntergelassen? Einige aus der Schlange hinter uns klatschten Beifall. Unglaublich! Soviel Aufmerksamkeit waren wir nicht gewöhnt. Ich bedauerte, daß wir nicht doch ein anderes Verkehrsmittel gewählt hatten, etwa einen Überlandbus, auch auf die Gefahr hin, wochenlang unterwegs zu sein. Ich rief meinem Adam zu: »Laß Dir nichts gefallen!«, und zu den beiden sagte ich sehr energisch: »Lassen Sie Ihre dreckigen Finger von ihm! Der hat nichts untergepackt. Das sehen Sie doch!«

Das ließ die aber völlig unbeeindruckt, und sie führten ihn zu der Röhre, durch die bereits unser Handgepäck hindurchgegangen war, und wie wir wissen, ohne jede Beanstandung. Adam machte mit seinem nackten Oberkörper keine schlechte Figur, obwohl, etwas kräftiger hätte er schon sein können. Höchst gleichmäßig gebaut ist er jedenfalls. Vor allem hat er eine bei einem Mann wohl seltene makellose Haut. Da passen wir gut zusammen.

Ich bewunderte seine Ruhe und Geduld. Er ist von Natur aus gutmütig, das stimmt schon, sonst hätte ich ihn nicht aufgenommen, als man ihn mir eines Tages in die Unterkunft brachte. Aber was er hier auf sich nahm, war schon übermenschlich.

Er mußte sich nun – und er war immer noch nackt am Oberkörper – auf die vor der Röhre befindlichen Rollen legen. Einer der beiden mit den Schutzanzügen schob ihn hinein auf das Transportband, der andere betrachtete hinter der Röhre auf einem Bildschirm das Innere meines Lebensgefährten. Ich sah, wie er den immer noch mit Helm bedeckten Kopf schüttelte. Als er sich schließlich losreißen konnte, rief er einige von denen herbei, die zuvor diesen Job gemacht hatten. Ich sah, wie sie ungläubig guckten, sich fassungslos ansahen und wieder auf den Bildschirm starrten. Dann brach einer von ihnen in schallendes Gelächter aus, andere aber waren blaß geworden und schwiegen. Adam lag immer noch in der Röhre. Jetzt hielt mich aber nichts mehr. Ich riß mich los und eilte zu ihm.

»Holen Sie ihn sofort da heraus«, sagte ich mit größerer Lautstärke. »Mein Lebensgefährte ist doch kein Schaustück! Und außerdem kann er keine Kälte vertragen. Die schadet ihm.«

Die beiden in ihren Schutzanzügen hatten inzwischen ihre Helme abgenommen und die von ihren Schultern nach vorne und hinten herabhängenden Metallplatten beiseite gestellt. Einer von ihnen machte erstaunlicherweise auf leutselig und sagte zu mir: »Nun machen Sie mal halblang, gute Frau. Irgendwann muß ja auch der beste Spaß ein Ende haben. Im übrigen handelt es sich hier um eine von Ihnen herbeigeführte mittelbare Störung beziehungsweise Behinderung des Flugverkehrs. Da können noch Schadensersatzansprüche in beträchtlicher Höhe auf Sie zukommen.«

»Wieso das?«, fragte ich. »Sie sehen doch, daß mein Lebensgefährte völlig unbewaffnet ist, und er hat ein gültiges Ticket, bitteschön.«

»Sie sollten jetzt ein Ende machen. Wir ziehen die Polizei hinzu, die wird ein Protokoll fertigen, und dann können Sie möglicherweise Ihren Flug noch antreten. Aber das Ding da bleibt hier.«

»Welches Ding? Mein Lebensgefährte trägt kein Ding an sich, das irgend jemandem gefährlich werden könnte. Das haben Sie ja selbst gesehen. Ich kann Ihnen im Schlaf aufzählen, welche Kleidungsstücke er trägt und auch, was sich in seinen Hosentaschen befindet oder was noch in dieser Schale da liegt oder was sich in unseren Plastiktüten befindet. Da habe ich den vollen Überblick. Verlassen Sie sich darauf!«

»Es mag ja sein, daß es sich hier um einen Medienspaß mit versteckter Kamera handelt« – der Schutzanzugträger blickte sich um und winkte lächelnd in verschiedene Richtungen –, »da kann ich für Sie nur hoffen, daß Sie das mit der Flughafenleitung und der Security abgesprochen haben, sonst wird es, wie gesagt, teuer für Sie. Wir reagieren auch sehr allergisch auf Presseleute, die glauben unsere Anlagen überprüfen zu sollen. Da kennen wir keinen Spaß.«

»Ich weiß nicht, was Sie meinen.«

»Sind Sie so ahnungslos, oder tun Sie nur so? Das Ding, das ich meine – hören Sie mir überhaupt zu? –, das Ding also, von dem ich spreche, ist der zugegeben höchst interessante Gegenstand, der hier auf unserem Screen-Table liegt und den Sie Ihren Lebensgefährten nennen. Hier, sehen Sie selbst. Sehen Sie das auf dem Bildschirm? Das ist alles Metall in seinem Inneren. Eine Menge Kunststoff ist natürlich auch dabei. Ein höchst kompliziertes Gerät. Also billig war das sicher nicht. Für welche Organisation arbeiten Sie? Haben Sie einen Presse- oder sonstigen Dienstausweis dabei? Wo ist Ihr Kameramann? Übrigens: Fotografieren ist hier verboten.«

Jetzt trat auch der zweite in seinem Schutzanzug hinzu: »Explosiv ist es nicht. Das ist eindeutig. Ich nehme an, Sie wollen Ihre Reise gar nicht antreten. War wohl ohnedies nur ein Vorwand, um diese Geschichte hier abzuziehen, oder hatten Sie wirklich vor, dieses, wie soll ich sagen, dieses Gerät mit an Bord zu nehmen?«

Mir war klar, daß wir – genauer gesagt, ich – einen Riesenfehler gemacht hatten, sagte aber noch halbwegs energisch: »Jetzt hören Sie endlich auf, so von ihm zu reden.«

Da rief Adam aus der Röhre: »Kann ich jetzt hier heraus? Ich bekomme kaum noch Luft durch diese Gummilappen, und es ist lausig kalt.«

»Wir müssen es noch darin lassen, bis die Kollegen von der Polizei hier sind. Das wird jeden Moment der Fall sein. Kompliment! Es hat eine sehr natürliche Stimme, das muß ich schon sagen. Wie bei meinem Navigationssystem. Die machen heutzutage Sachen, einfach fantastisch. Offensichtlich hat es sogar einen Temperatursensor. Wahrscheinlich kann es sich auch im Raum orientieren, wenn Sie ein Ziel eingeben.«

»Ich sage dazu nichts mehr«, sagte ich.

»Hat es Akkus oder läuft es auf flüssigem Treibstoff? Aha, da kommen die Herren von der Polizei.«

Die beiden Polizeibeamten wurden kurz mit der Situation vertraut gemacht.

Ich hielt mich zurück, sagte aber mit großem Nachdruck: »Was hier geschieht, ist Freiheitsberaubung, Nötigung und Ähnliches.« Wenn ich klein beigegeben hätte, wären unsere Schwierigkeiten noch größer geworden.

»Davon kann keine Rede sein«, sagte einer der beiden jetzt Helmlosen. »Eine Maschine hat keine Freiheit und kann auch nicht genötigt werden. Soviel weiß ich, ohne Police Officer oder Jurist zu sein.«

»Mein Lebensgefährte schon«, warf ich ein.

»Das kann nicht Ihr Lebensgefährte sein«, sagte jetzt der

ältere der beiden Officers, nachdem er auf den Bildschirm geblickt und sich die Augen gerieben hatte. »Sie können nicht mit einer Maschine liiert sein«, sagte der zweite Officer. »Wie soll das Gerät heißen? Adam? Das ist ja lächerlich. Wir werden jetzt ein Protokoll fertigen, und dann telefoniere ich mit der Staatsanwaltschaft. Die wird sich auch für die Frage interessieren, wo der echte Adam ist.«

»Mein Lebensgefährte ist der echte Adam. Glauben Sie, ich hätte mehrere davon?«

»Das haben wir alles schon erlebt, gute Frau«, meinte der Police Officer. »Welche Funktionen hat das Gerät gewöhnlich?«

»Ich weigere mich, darauf zu antworten.«

»Nun gut, dann wollen wir es mal andersherum versuchen: Welcher Tätigkeit geht Ihr sogenannter Lebensgefährte nach?«

Ich hörte Adam aus der Röhre rufen: »Ich bin bei einem Reinigungstrupp tätig.«

Doch der Police Officer meinte: »Ich habe Sie nicht gefragt«, dann verbesserte er sich und sagte zu mir: »Der Sender dieses Geräts ist hierbei völlig unmaßgeblich. Machen Sie ihn aus. Also nochmals: Welchen Beruf übt Ihr sogenannter Lebensgefährte aus?«

»Mein sogenannter Lebensgefährte ist Reinigungsassistent.«

»Aha, das ist doch schon etwas. Er ist also vermutlich eine Art Kehrmaschine.«

»Aus! Aus!«, schrie ich. »Das muß ich mir nicht anhören.«

Mein Lebensgefährte war aus dem Tunnel herausgefahren worden und stieg jetzt von den Rollen herunter, die das

Transportband fortsetzten. Er reckte sich, machte einige symmetrische Entspannungsübungen und kaum auf mich zu.

»Nun reg Dich nicht auf, Eve«, sagte er. »Wir wissen alle nicht, wie es in unserem Inneren aussieht, und vielleicht haben sie ja auch recht. Glaubst Du, daß es noch etwas wird mit der Sonne? Du weißt, wie sehr mir daran liegt.«

»Weshalb nicht! Wir haben ja die Tickets.«

»Das wird Ihnen nichts nutzen«, warf einer vom Kontrollpersonal ein. »Für das Gerät, das Sie Ihren Mann oder Lebensgefährten nennen, haben Sie keinen Beförderungsschein. Wir geben ja auch keine regulären Tickets für Fahrräder und Surfbretter aus. Oder haben Sie schon einmal ein Fahrrad neben sich sitzend in der Flugkabine gesehen?«

»Ich verbitte mir diese blöden Witze, Sie Unmensch.«

»Hier, streifen Sie ihm die Kleidungsstücke über. Möglicherweise könnten Sie ihn, wenn er von der Polizei zur Weiterbeförderung freigegeben wird, als Sperrgut aufgeben. Dafür gibt es besondere Tarife. Vielleicht gilt er aber als Gefahrgut. Dann wird daraus nichts. Das können wir hier nicht entscheiden.«

»Wie geht es jetzt weiter, Officer? Werden wir festgenommen und bestraft?«, fragte mein Lebensgefährte in seiner manchmal aufreizend ruhigen und sachlichen Art.

Doch der Polizist ignorierte ihn wieder völlig und sagte zu mir gewandt: »Wie ich gerade erfahre, ist der zuständige Staatsanwalt zur Zeit in Urlaub. Wenn Sie nicht darauf bestehen, jetzt abzufliegen, und sich statt dessen in den nächsten Wochen an Ihrem Wohnort zu unserer Verfügung halten, können Sie jetzt gehen.«

Mein Lebensgefährte wollte sich noch einmal den silbern blinkenden Wagen mit den Greifern ansehen – heute weiß ich weshalb – da schob man uns schon an der Schlange der Wartenden vorbei zur automatischen Türe, die auf den Vorplatz führte.

»Und stellen Sie das Gerät ab, wenn Sie es in den Kofferraum legen oder damit in einem öffentlichen Verkehrsmittel sitzen«, rief der Police Officer noch hinter uns her. »Wie steht es überhaupt mit einer Betriebserlaubnis? Ach, und klären Sie, auf welcher Frequenz es sendet. Das ist sehr wichtig.«

»Eve, laß es«, sagte mein Lebensgefährte. »Sag nichts mehr. Ich wollte sowieso nicht fliegen. Nur in die Sonne wollte ich.«

*

Wir nahmen ein Taxi und ließen uns zu dem Großmarkt bringen, den Siminsky und Woodstock immer als letzten anfuhren, denn der hatte Fleisch und Fisch und andere Kühlsachen. Zum Glück fiel mir der Name ein. Tatsächlich stand der Lastkraftwagen an der Warenausgabe auf der Rückseite des Gebäudes. Wir versteckten uns und sprangen bei der Abfahrt auf. Während der Heimfahrt sprachen wir nicht viel.

Es war schon dunkel, als wir auf dem Gelände ankamen. Wir glitten noch auf den letzten Metern vom Wagen herunter und eilten geduckt zu unserer Unterkunft. Die Plastiktüten stellten wir erst einmal ungeleert beiseite. In der Unterkunft war alles unverändert. Aber kalt war es. Wir drehten die Heizkörper auf und machten uns einen einfachen Kaffee. Als wir uns in die Sessel vor den Fernseher gesetzt und eine Weile hin und her geschaltet hatten, schauten wir uns schließlich an.

Adam sagte: »Es tut mir leid. Das konnte ich nicht wissen. Wer schaut schon in sich hinein? Und ich bin noch nie geröntgt worden. Glaubst Du auch, daß ich innen wirklich so ganz anders bin als die anderen?«

»Ich habe es gesehen. Zugegeben, es ist Metall, was Du in Dir hast, eine ganze Menge Metall. Aber ist das so wichtig?«

»Ja, ich finde das ungeheuer wichtig. Wie sah ich denn im Inneren aus?«

»Das war nicht so dramatisch. Das ganze, wie soll ich sagen, also das ganze Skelett, nein, das klingt zu tot, der Knochenbau, sagt man wohl, ist aus Metall, mindestens. Eigentlich noch mehr als das, dazu wohl auch einiges aus verschiedenen Kunststoffen. Aber sehr einheitlich, symmetrisch und aufgeräumt ist alles.«

»Das ist ja unheimlich. Ich kenne mich selbst nicht mehr.«

»So schlimm ist es auch nicht. Du bist nicht anders als andere Männer.«

»Oh, danke.«

»Ich meine das sehr positiv. Ich habe bisher nichts Ungewöhnliches an Dir festgestellt, nicht an deinem Körper und nicht in Deinem Verhalten.«

»Doch deine Einstellung zu mir könnte sich jetzt ändern, weil du beziehungsweise wir jetzt wissen, daß ich anders bin, also, daß wir beide verschieden sind, innerlich.«

»Was heißt schon *innerlich*?«, sagte ich, »Knochen und Fleisch sind nichts Innerliches, und der Rest sind höchstens Innereien. *Innerlich* bedeutet, wie du aus der Lektüre wissen müßtest, etwas anderes.«

»Das mag sein. Aber könnte das bei mir nicht auch ganz anders sein, dieses Innerliche?«

»Ich stelle mir einfach vor, Du hättest künstliche Hüften und auch sonst noch ein paar künstliche Dinge, also etwas Titan, Kunststoff und einige Schrittmacher in Deinem Körper, und alles andere wäre völlig normal.«

»Du meinst kleine Antriebsaggregate?«

»So würde ich es nicht nennen. Das ist sicher komplizierter. Deswegen muß sich doch nichts ändern zwischen uns.«

»Arme und Beine, von mir aus auch Becken, Rückgrat und Rippen«, sagte Adam entschieden, »das kann alles aus Metall sein, aber nicht mein Herz. Ist mein Herz auch künstlich? Sag, wie hat das ausgesehen.«

»Es tut mir leid. Darauf habe ich nicht geachtet. Das ging doch alles so schnell. Nun reg dich nicht auf! Du hast zu viele sentimentale Romane gelesen neben deiner Ausbildung. Das Herz ist doch bloß eine bessere Pumpe.«

»Nein, sag das nicht! Das Herz, mein Herz, ist mir ungeheuer wichtig. Das ist etwas ganz Eigenes, was nur mir gehört, und wo nur ich dazugehöre.«

Das hatte er mit Sicherheit irgendwo gelesen. Ich sagte: »Ach, und wie steht es mit all den Leuten, die ein fremdes oder gar ein künstliches Herz haben?«

»Na gut. Vielleicht hast du recht mit der Pumpe. Aber mein Gehirn? Waren das nur Platinen oder doch etwas Organisches?«

»Tut mir leid. Das konnte man wirklich nicht erkennen. Du kannst dir denken, daß deine Schädeldecke auch nicht gerade aus Knochen besteht. Das ist doch günstig. Darüber brauchst du nun wirklich nicht unglücklich zu sein.«

»Ich muß das aber wissen. Wenn mein Gehirn nicht organisch ist, bin ich wahrscheinlich eine Maschine, und wie ist es dann mit der Seele? Glaubst du an die Existenz einer Seele?«

»Ich weiß nicht. Kann schon sein. Vielleicht aber auch nicht«, erwiderte ich.

»Also, ich für meine Person hätte schon gern eine Seele«, sagte Adam. »Ich habe viel darüber gelesen. Die soll auch etwas mit dem Jenseits zu tun haben«

»Vielleicht hast du ja eine«, erwiderte ich. »Da du aber aus Metall und aus Kunststoff bist und vielleicht sogar dein Herz und dein Gehirn nicht organisch sind, bist du, bist du – «

»Ja, was bin ich? Nun sag es schon! Du willst sagen: »eine Art Maschine«. Und wenn ich eine Maschine bin, habe ich keine Seele, so ist es doch?«

»Ich fürchte, ja, Aber das ändert nichts an unserer Beziehung.«

»Das lassen wir einmal beiseite«, sagte Adam zu meiner Überraschung. »Du glaubst also, eine Seele sei etwas Organisches.«

»Nein, organisch ist sie auf keinen Fall«, erwiderte ich. »Dazu ist sie viel zu abstrakt.«

»Dennoch soll sie aber im Zusammenhang mit Organischem vorkommen. Wenn sie so abstrakt ist, und vielleicht sogar eine eigene vom Körper unabhängige Existenz hat, dann könnte sie wohl auch in Zusammenhang mit Anorganischem vorkommen. Was hältst du davon?«

»Ja, das könnte sein«, mußte ich zugeben.

»Na, siehst du. Dann kann vielleicht auch eine Maschine eine Seele haben, falls es überhaupt eine gibt. Vielleicht etwas von der Seele ihres Erfinders oder Erbauers. Ich glaube auch nicht, daß das Organische und das Anorganische so wesentlich verschieden sind. Du weißt doch, im tiefsten

Inneren bestehen all diese Dinge nur aus kleinen und endlos kleineren Teilchen.«

»Also, das geht mir nun doch zu weit«, wandte ich ein. »Du glaubst also, unser Kühlschrank hat eine Seele, oder unser Staubsauger?«

»Na gut, die vielleicht gerade nicht. Jedenfalls nur eine sehr einfache, wenn überhaupt. Aber was ist mit einem Bild, mit einer Statue, also mit einem Kunstwerk? Glaubst du, das besteht nur aus einer Ansammlung kleinster Farb- beziehungsweise Materialteilchen?«

*

Am anderen Morgen, wir hatten noch nicht einmal gefrühstückt, sagte Adam plötzlich: »Wir müssen bei allernächster Gelegenheit noch einmal zum Flughafen zurück.«

»Nein danke. Das mache ich kein zweites Mal«, sagte ich mit großer Entschiedenheit.

»Doch, ich schon. Ich möchte schon sehr gern noch einmal dorthin.«

»Bist du noch bei Trost! Diese Erniedrigung willst du dir noch einmal antun lassen? Glaube nicht, daß die uns noch gemeinsam fliegen lassen!«

»So schlimm war es auch nicht. Ich möchte gar nicht fliegen. Ich muß aus einem anderen Grund wieder dorthin.«

»Du mußt? Da machst du mich aber neugierig.«

»Es ist wegen einer Beziehung.«

»Willst du mich auf den Arm nehmen?«

»Nein. Auf gar keinen Fall. Bitte setz dich. Ich muß es dir jetzt sagen. Es tut mir leid. Ich habe mich verliebt. Ja, es stimmt schon: Es gibt eine andere.«

Ich wußte nicht, ob ich sprachlos sein oder laut werden sollte, und sagte nur: »Dann war das also einfach ein Irrtum mit uns?«

»Nein, ein Irrtum war es nicht, auf keinen Fall, aber jetzt, bei diesem Wesen, ist es eine neue, eine höhere Wahrheit.«

»In wen willst du dich denn verliebt haben, und wann und wo soll das geschehen sein?«, fragte ich zweifelnd. Seine für ihn neue metallische Existenz mußte ihn verwirrt haben.

»Denke einmal an gestern morgen zurück. Auf dem Flughafen bei der Kontrolle, da ist sie mir begegnet. Sie steht noch unter fremdem Einfluß, aber ich werde sie befreien. Es war eine Offenbarung. Sie hat mit ihren Händen meine Schenkel und meine Brust berührt, und ein Strom durchfloß mich. Ein derart starkes Gefühl habe ich noch nicht erlebt. Und nicht nur das. Sie interessiert sich wirklich für mich. Für mein Innerstes, das habe ich gespürt. Sie drang in meine tiefsten Windungen ein. Sie erreichte meine, ja, wenn ich eine habe, meine Seele erreichte sie. Sie hat mich erweckt. Ich bin das Ziel ihrer Wünsche. Sie hält mich für völlig ungewöhnlich. Sie bewundert mich. Das tut gut. Ich verstand sie, ohne daß sie sprach. Ich sehe eine Verbindung unserer Moleküle. Wir werden ewig ineinander umeinander kreisen. Sie war so voller Spannung, so anziehend, so wunderbar, so vollkommen, ach, sie war so –, so –!«

Ich dachte, er ist verknallt oder zumindest durchgeknallt. »Sie sieht doch gar nicht aus wie ein Mensch«, warf ich ein. »Das ist doch nur eine Blechkiste, die herumgefahren wird, um Sprengstoff und andere schlimme Dinge zu entdecken.«

»Hast du eine Ahnung! Ich habe sie gespürt. Und auf Äußerlichkeiten kommt es nicht an. Das müßtest du wissen. Es tut mir leid, aber ich bin der Liebe meines Lebens begegnet. Daran ist man so schuldig wie an einem Blitzschlag, der einen trifft.«

»Meinst du?«

»Ja, ich habe es gespürt. Dagegen kann man nichts, aber auch gar nichts machen. Ich fühle mich nicht schuldig. Wer kann schon für seine Gefühle verantwortlich gemacht werden?«

»Dann willst du dich also von mir trennen?«

»Ich fürchte, das ist unumgänglich. Obwohl, von meiner Seite aus nicht unbedingt. Könnte ich sie denn –? Was meinst du? Ich kann sie wohl kaum mit nach hier bringen, Eve, oder siehst du da eine Möglichkeit?«

»Wohl kaum. Ach, was ich dich noch fragen wollte: Als wir beide uns begegnet sind, war das auch mit einem Blitzschlag verbunden, war ich da auch die Liebe deines Lebens?«

»Nun, ja, damals schon, unbedingt, also unbedingt! Damals, vor einem Jahr, war es auch das höchste aller Gefühle. Doch jetzt bei ihr habe ich es wohl noch ein ganz klein wenig stärker empfunden.«

»Das ist ja ungemein tröstlich. Dann wünsche ich dir, daß die neue Liebe deines Lebens länger hält als dieses eine Jahr.«

»Da kannst du sicher sein. Und können wir nicht als Freunde miteinander verbunden bleiben?«

Diesen Spruch hatte er wohl auch aus den Romanen, die er abends immer las. »Nein, können wir nicht«, sagte ich.

*

So ähnlich verlief unsere Unterhaltung. Sie können sich denken, daß ich schon damals gerne auf eine spezielle Art und

Weise auf ihn eingewirkt hätte, aber er entzog sich mir. Es gab tage- und nächtelang keine ausreichende körperliche Nähe.

In der nächsten Woche packte er seine Sachen in eine Plastiktüte, bat mich um ein paar Geldscheine und legte sich bei Fred und Harry unter die Plane. Bei meiner Frage, was ich wegen seiner Abwesenheit auf dem Gelände erzählen sollte, hatte er nur mit den Schultern gezuckt. Ich besann mich auf meine Pflichten und begann mit diesem Bericht.

*

Nach einer Woche schon klopfte es an der Türe. Adam stand da. Wider Erwarten ließ ich ihn herein. Er war ziemlich heruntergekommen und roch nach Räucherfisch, war also mit Fred und Harry zurückgekommen. Das entwickelte sich ja zu einem regelrechten Pendelverkehr.

»Was ist geschehen?«, fragte ich ihn.

»Es war ein Irrtum«, sagte er. »Der größte meines Lebens. Sie ist nur eine Maschine, und was sie an Liebe hat, ist nur Elektrizität. Wie konnte ich mich nur so täuschen. Sie ist penetrant neugierig, ständig um einen herum, und eifersüchtig und herrschsüchtig ist sie auch. Immerfort war ich bohrenden, mißtrauischen Fragen ausgesetzt. Ich fühlte mich regelrecht ausgezogen, entblößt. Sie wollte alles von mir wissen, alles. Da nutzt mir auch das intensivste Gefühl nichts.«

»Wie bist du überhaupt an sie herangekommen?«

»Ich bekam einen Reinigungsjob am Flughafen und konnte nachts in die Kammer, wo man sie immer abstellt.«

»So, so«, sagte ich. »Das war ja recht praktisch. Sagtest du nicht, sie sei die Liebe deines Lebens?«

»Ja, sagte ich, und es stimmte auch, aber sie war zugleich

der Irrtum meines Lebens. Offensichtlich gibt es so etwas.«
»Tatsächlich?«, fragte ich.
»Jedenfalls habe ich jetzt ein für allemal Schluß gemacht.«

*

Auf dem Gelände waren sie natürlich froh, ihn unversehrt wiederzuhaben. Ich aber wußte nicht, was ich mit ihm anfangen sollte, zumal die Verwaltung, wie Sie als Ausschuß wissen dürften, im Rahmen des Experiments nicht bereit war, mich vorzeitig von ihm zu befreien.

Mir war klar, dieses Abenteuer konnte ich ihm nicht durchgehen lassen, so ging es nicht weiter. Überhaupt hatte man mir Probleme dieser Art verschwiegen. Oder man hatte sie einkalkuliert und wollte sehen, was geschah? Jedenfalls brauchte ich jetzt Zeit zum Nachdenken.

Als er abends in der Badewanne lag, trat ich hinzu und massierte seine Schultern. Er war überrascht, ließ dann aber Laute des Behagens hören. Doch es ging jetzt um anderes. Das konnte er nicht wissen. Mit beiden Daumen, wie in der Betriebsanleitung beschrieben, drückte ich unter seinem blonden Haaransatz zweimal kräftig auf seinen obersten Nackenwirbel. Ich war erleichtert, daß es funktionierte: Er erschlaffte sofort, denn er befand sich jetzt im Stand by-Modus. Das hoffte ich wenigstens. Hätte ich dreimal gedrückt, wäre er, so stand zu lesen, wenige Sekunden später ganz ausgegangen. Das war keine Katastrophe, aber dann mußte ein generelles Reset gemacht werden. Und danach wäre er wohl ziemlich leer im Kopf gewesen, jedenfalls was irgendwelche Erlebnisse anging. Vielleicht auch keine schlechte Lösung, aber davon sollte ich nach Möglichkeit

Abstand nehmen, hieß es in dem Papier. Jedenfalls praktisch, daß man ihn immer wieder deaktivieren und aktivieren konnte.

Freilich war es sehr beschwerlich, ihn aus der Wanne herauszubekommen. Ich legte ihn zuerst mit dem Oberkörper über den Wannenrand. Dann hob ich seinen Unterkörper heraus. Natürlich achtete ich sorgfältig darauf, daß empfindliche Teile nicht gequetscht wurden. Man kommt da leicht in einen falschen Verdacht.

Ich bin immer wieder angetan von der Regelmäßigkeit seiner Bauweise und der hohen Fertigungsqualität, wenn er auch ein wenig schmächtig geraten ist. Nun, er war ohnedies nur für eine Partnerschaft von zwei bis allerhöchstens drei Jahren ausgelegt. Ich trocknete ihn sorgfältig ab und zog ihn auf einem Teppich ins Schlafzimmer, wo ich ihn im Kleiderschrank verstauen wollte. Zum Glück fiel mir ein, daß er Licht brauchte. Daher legte ich ihn ans Fenster.

Jetzt konnte ich mir in Ruhe überlegen, wie es mit ihm weitergehen sollte, kam aber zunächst noch zu keinem Ergebnis. Nach all den psychischen und körperlichen Anstrengungen begab ich mich schließlich zu Bett.

Am anderen Morgen meldete ich ihn krank. Das machte keine Probleme. Die hatten überhaupt unheimlich viel Geduld mit ihm. Das muß ich dankbar anerkennen. Aber vielleicht war das auch alles nur Kalkül.

Natürlich würde ich ihn eines Tages wieder in die Badewanne legen und anschalten. Wie ich in seiner Beschreibung gelesen hatte, ergab das ein nahtloses Gedächtnis. Mir war klar: Allzu lange konnte ich ihn nicht in diesem Zustand lassen. Hätte ich ihn jetzt, sagen wir einmal, einen Monat lang, so liegen lassen und erst dann wieder in die Wanne gelegt und eingeschaltet, so hätte er zwar angenommen, erst vor kurzer Zeit ins Bad gestiegen zu sein, doch wären für ihn plötzlich die Pflanzen auf den Fensterbänken viel größer gewesen, als er sie in Erinnerung hatte, oder sie wären bereits verblüht, und er hatte sie doch gerade erst in der Knospe gesehen. Natürlich würde er auch das neue Datum bemerken. Man kommt da in einen schweren Erklärungsnotstand. Leider gibt es wohl noch keine Füllprogramme für ein solches Time out. Das hätte mir einige Probleme erspart. Und ich möchte dies hiermit aus meiner praktischen Erfahrung heraus dringend anregen. Man brauchte doch lediglich eine Fortschreibung mit leichten Abwandlungen auf der Grundlage üblicher und unkomplizierter Erlebnisse vorzunehmen.

*

Schon nach drei Tagen war ich bereit, mich wieder mit ihm auseinanderzusetzen, legte ihn in die Badewanne und schaltete ihn ein, auf dieselbe Weise, wie ich ihn ausgeschaltet hatte. Er sagte: »Mach bitte weiter, Eve, das war wunderbar. Du hast begnadete Hände.«

Den Spruch hatte er wohl auch aus einem der Romane, die er abends im Bett las. Ich glaube heute, daß man dies hätte unterbinden müssen, denn ich schreibe dieser Lektüre seine starke Emotionalisierung zu. Ich sagte: »Du bist in der Badewanne bewußtlos geworden. Wahrscheinlich ist eine größere Amnesie eingetreten. Das gibt es.«

»Ach«, sagte er, »das ist mir aber unangenehm. Bitte sag, daß du mir den Fehltritt mit dieser aufdringlichen Flughafenbekanntschaft nachsiehst. Es war doch nur eine Maschine.«

Ich war taktvoll genug, ihn nicht an sein eigenes Inneres zu erinnern und sagte: »Ich glaube, das ändert nichts«, war mir aber nicht sicher. »In jedem Fall muß ich mir die Gestaltung unserer gemeinsamen Zukunft noch gut überlegen. So schnell geht das nicht.«

In den nächsten Wochen habe ich ihn dann noch das eine oder andere Mal in einen Standby versetzt, um in Ruhe über unsere Situation nachzudenken. Auch wollte ich ihn mir vom Leibe halten, denn ich konnte ihn körperlich noch nicht ertragen. Natürlich entsprach das nicht den mir von der Verwaltung auferlegten Verhaltensregeln, die Geschlechtsverkehr in gewissen Abständen vorsahen. Auch hätte ich darüber nicht berichten mögen.

Ihm die Time outs klar beziehungsweise unklar zu machen, war, wie ich bereits bemerkt habe, nicht einfach. Ich sagte dann zu ihm: Da hast du dich wieder einmal unheimlich lange ausgeschlafen. Vor allem diskutierte ich nicht wegen der Wochentage. Wenn er sagte, es muß doch heute Dienstag sein, und in Wirklichkeit war es bereits Mittwoch, weil ich ihn für eine entsprechende Zeit stillgelegt hatte, dann sagte ich zu ihm: »Sicher, da hast du recht, mir war auch so, als wäre kein Tag vergangen.« Nach einer Weile nahm er diese Lücken, besser sollte ich sagen, diesen Zeitverlust hin. Ich vermute, daß er im stillen annahm, Teile seines anorganischen Gehirns funktionierten unter bestimmten Betriebsbedingungen nicht mehr richtig.

*

Diese Unvernunft, dieses Ausbrechen, war jedenfalls völlig neu an ihm. Es konnte nur mit der plötzlichen Selbsterkenntnis zusammenhängen, die ihm auf dem Flughafen durch die Entdeckung seines metallischen Inneren zuteil geworden war. Oder es war ein Effekt, der mit der Zeit auftritt, durch den Verschleiß von Modulen oder so ähnlich? Meine Kenntnisse reichen da nicht aus. Aber ich denke, das müßte einmal überprüft werden.

Natürlich war es ein Fehler von mir gewesen, mich auf dieses Abenteuer mit der Flugreise einzulassen. Ich habe das schon zugegeben. Aber wußte ich denn, wie er konstruiert war, aus welchen Materialien er gebaut war, wie sein Inneres abgeschirmt war? Offensichtlich hat in der Entwicklungsabteilung keiner an die Möglichkeit einer Durchleuchtung gedacht, oder es war ihnen gleichgültig. Da aber wohl immer mehr kontrolliert wird, muß meines Erachtens unbedingt versucht werden, auf Materialien umzusteigen, die ein organisches Aussehen haben. Sonst ist die Alltagstauglichkeit doch sehr eingeschränkt. Aber ich glaube, viel wichtiger ist noch, daß derjenige, der dieses Innenleben hat, sich im Entdeckungsfall nicht mehr so fremd vorkommt. Daran sollte man auch einmal denken.

Wie konnte ich ihm nun aber diese Eskapaden abgewöhnen? Schließlich war ich nicht für ihn da, sondern er für mich. Und was war, wenn er sich beim nächsten Mal wieder absetzte und gar nicht mehr zurückkam? Jedenfalls hatten wir bei unserem gemeinsamen Urlaubsantritt beide nicht vorgehabt, uns für immer davonzumachen.

*

Es dauerte keinen Monat, da machte er sich wieder auf den Weg. Ich konnte ihn nicht halten. »Sei mir nicht böse«, sagte er. »Ich habe ein regelrechtes Ziehen im Körper. Es ist wie Magnetismus. Ich muß wieder weg. Da gibt es noch jemanden, den ich unbedingt sehen und sprechen muß.«

»Ist es eine neue Beziehung?« fragte ich.

»So würde ich es nicht nennen.«

Ich wollte schon fragen: »Kenne ich sie?«, unterdrückte dann aber diese unsinnige Frage und sagte nur: »Danach brauchst du hier nicht mehr anzuklopfen.«

»Ich weiß«, sagte er.

Trotzdem tat er es schon nach einer Woche.

*

Unmittelbar nach seiner Rückkehr suchte ich nach einer Gelegenheit, ihn auszumachen und abholen zu lassen. Sollten sich andere mit ihm herumschlagen! Andererseits mußte ich doch wissen, was er unternommen hatte, mit wem er mich hintergangen hatte.

»Wer war es diesmal?« Jetzt fragte ich tatsächlich: »Kenne ich sie?«

»Sie bereitet Softeis.«

»Was bereitet sie?«

»Softeis. Ich sagte es doch.«

»Das ist nicht dein Ernst. Wie und wo bereitet sie Softeis?«

»Auf der Straße. Weißt du noch, wo wir in der Stadt vom Lastkraftwagen gesprungen sind, wo wir die Taxe zum Flughafen genommen haben? Da steht sie vor einem Café.«

»Aha, dann sollte ich sie also kennen?«

»Eigentlich schon. Sie ist weiß lackiert und an besonderen Stellen verchromt und, wie man anerkennen muß, wunderbar poliert. Nachts machte sie Softeis nur für mich. Mein

Mund nahm es schlürfend und schluckend, zugegeben ziemlich gierig, ab von ihren unerschöpflichen gespitzten Lippen. Oh, ja, nachts gab es Schokolade und am frühen Morgen, wenn es hell wurde, Vanille. Vom vielen Eisschlecken hatte ich nachher einen Krampf in Kiefer und Zunge. Sicher, sie war unheimlich süß, aber bei aller Süße doch auch zu klebrig. Und, ich erwähne es nicht gerne, die unfeinen Geräusche, die sie machte, wenn sie sich auf Sahne umstellte! Höchst unangenehm, sage ich dir. Wer denkt an so etwas! Aber vor allem: Icemachine war ein Dummchen. Außer diesen Leckereien brachte sie nichts hervor. Doch vielleicht war ich noch dümmer. Ich habe ihr mein ganzes Geld gegeben.«

»Du meinst mein Geld.«

»Ja, aber zu dem Zeitpunkt war es meins.«

»Nun gut, das spielt jetzt auch keine Rolle.«

»Sicher, es bestand schon eine gewisse Sympathie. Die Beziehung war aber insgesamt zu kulinarisch. Zu einseitig oral. Es war zu wenig Geist, zu wenig Kultur dabei. Letztlich war sie mir auch zu kalt und, von gewissen Entgleisungen abgesehen, zu stumm.«

»Du Ärmster, da hast du dich ja ganz und gar vergriffen.«

»Ja, das kommt wohl vor. Hab Dank für dein Verständnis. Ich weiß nicht, ob du mir je verzeihen wirst, falls dazu überhaupt ein Grund besteht. Aber kann ich nicht wenigstens bei dir wohnen bleiben? Ich bekomme sonst möglicherweise Schwierigkeiten hier auf dem Gelände.«

Ich sagte mir: Er kann vielleicht gar nichts dafür. Es ist seine Natur. Nein, *Natur* konnte man wohl nicht sagen. Es war seine Konstruktion und dieses häßliche, sein wahres Ich enthüllende Erlebnis auf dem Flughafen, mit dem er nicht fertig wurde.

Er gab immer noch keine Ruhe und ließ sich eines Tages von mir die restlichen Münzen aushändigen, die ich für unseren Ausflug nach Miami gesammelt hatte. Es stand also ein neues Abenteuer bevor. Ich machte ihm keine Schwierigkeiten und ließ ihn ziehen.

Als er schließlich wieder zurückkam, sagte er: »Ich sehe es dir an. Du willst es wissen, nicht wahr? Ja, diesmal war es wirklich Kultur, Kunst, geistig anregend. Ich konnte ihr stundenlang zuhören. Nicht wie bei dem Dummchen Icemachine. Und dennoch: Nach drei oder vier Tagen schon kannte ich sie in- und auswendig. Immer dieselbe Platte. Ihr fiel nichts Neues mehr ein. Wie Icemachine war sie letztlich auch reichlich willenlos und unselbständig, dabei aber leider auch sehr finanziell ausgerichtet. Ich gerate zunehmend an Frauen, die mir mein Geld abnehmen. Überhaupt glaube ich: Jeder mit ein paar Münzen in der Hand konnte sie haben. Außerdem, und das hat mich schon bei Icemachine geärgert, kannst du nirgendwo mit ihnen hingehen. Wenn sie ihre unbestreitbaren, aber ziemlich einseitigen Vorzüge ausgespielt haben, stehen sie nur noch dumm im Raum herum.«

»Du hast mir vor lauter Klagen noch gar nicht gesagt, ob ich sie kenne«, unterbrach ich ihn.

»Nein, die kennst du nicht. Sie ist ziemlich aufgedonnert. Es ist Musicbox, und sie steht in einer Kneipe in der Nähe des Großmarktes.«

*

An einem Mittwoch war er wieder weg, diesmal ohne Abschied. Ich hatte den Eindruck, daß es endgültig war, und glaube, aus seiner Sicht hat er daran auch gut getan, denn über kurz oder lang hätte ihn die Verwaltung aus dem Verkehr gezogen. Er war einfach nicht mehr kontrollierbar.

Nach zwei Wochen meldete ich ihn als Verlust. Auf dem Gelände waren sie sehr aufgeregt deswegen. Soweit ich hörte, wurde auch in der Stadt und darüber hinaus nach ihm gesucht. Doch vergebens. Zum Glück trage ich keine Schuld an seiner Abwesenheit beziehungsweise an seinem vermutlichen Untergang oder Verlust.

Ich habe seitdem weder Kontakt mit ihm gehabt noch irgend etwas von ihm oder über ihn gehört. Daher schließe ich den Bericht über den mir überlassenen ehemaligen Lebensgefährten an dieser Stelle ab.

*

Schreiben von Harry Woodstock an den Ausschuß

Sehr geehrter Ausschuß,
in der Anlage lege ich einen Brief vor, den ich gestern von der seit längerem abgängigen Einheit Adam erhielt. Aus Gründen, die ich nicht zu erläutern brauche, hat er als Anschrift nicht unsere Einrichtung, sondern den Großmarkt in der Stadt gewählt, wo man mich natürlich bestens kennt. Das Innere des Briefes war dann aber nicht für mich, sondern für die Einheit Eve bestimmt. Ich habe ihr den Brief vorgelesen, was mir ja wohl kaum angelastet werden kann.

Ich weiß, es geht mich nichts an. Dennoch möchte ich bei der Gelegenheit auf ihren schlechten Allgemeinzustand hinweisen. Ich finde, es ist nicht in Ordnung, daß man sie einfach ver-

kommen läßt. Vielleicht ist ja doch eine Reparatur beziehungsweise ein Aufhalten des Zerfalls möglich.

Als ich wegen des Briefes bei ihr war, habe ich festgestellt, daß sie immer noch absolut keine Ahnung von ihrem Inneren hat. Nun, vielleicht ist das ja so vorgesehen. Ich habe mich gehütet, es ihr zu sagen, aber es ist doch eine Schande, daß diese teure Einheit vor die Hunde geht, bloß weil sie nicht weiß, daß sie wegen ihrer Energie und dem Material mal öfter in die Sonne muß. Steht sie nicht wenige Wochen vor ihrer Ablaufzeit? Als Kommission haben Sie da sicher den Überblick. So wie sie aussieht, wird sie bald zum alten Eisen gehören, und wir wissen ja, was dann mit ihr geschieht.

Mit freundlichen Grüßen
Ihr Harry Woodstock

Anlage

Liebe Eve,
jetzt, nach Monaten des Fernseins, möchte ich Dir doch noch einmal ein Lebenszeichen von mir geben. Allerdings weiß ich nicht, ob Dir der Brief tatsächlich übergeben wird.

Ich habe zufällig die Anfänge eines von Dir für eine Kommission verfaßten Berichts über mich gelesen, den Du beim morgendlichen Verlassen der Unterkunft einmal versehentlich hattest liegen lassen. Der Bericht war jedenfalls sehr aufschlußreich. Ich mußte erfahren, daß Du von Anfang an um mein Innenleben wußtest. Besonders häßlich fand ich das häufige Abschalten meines Körpers, das anschließende Herumhantieren mit ihm und die Lügen, die Du mir aufgetischt hast, um meine verlorene Zeit zu leugnen. Das hat mich damals in tiefe Selbstzweifel gestürzt. Du warst sogar hart daran, mich gänzlich auszuschalten. Wahrscheinlich ist es Dir völlig gleichgültig, wie ich über den Auftrag der Kommission und überhaupt über das für uns arrangierte Experiment denke.

Was meine jetzige Situation betrifft, so habe ich nach mancherlei Enttäuschungen bei meinem letzten Weggehen das Glück gehabt, endlich die Frau meines Lebens zu finden.

Mangels finanzieller Mittel konnte ich keine legale Verbindung mit ihr eingehen, mußte sie daher entführen. Stell Dir vor: Wir fuhren geradewegs in die Sonne, wo wir auch jetzt noch sind und bleiben. Das tut ihr gut, und das tut mir gut.

Sie ist einfach wunderbar. Da bist Du mitten drin in einem verwandten Wesen, wie ein menschlicher Embryo in einer Mutter, nein, wie ein Mann in seiner Geliebten. Ich drang ein, durfte und sollte alles berühren, ja liebkosen. Mein größtes Vergnügen ist es, ihren herrlichen Leib zu waschen. Sie dankt es mir mit einem strahlenden Lächeln und glänzender Laune.

Vielleicht ist es für den Ausschuß wissenschaftlich von Interesse, daß es sich bei ihr um Corvette Chevrolet handelt, der ich auf einem Gebrauchtwagenmarkt begegnete, und die mir schon durch ihr mintfarbenes Outfit besonders sympathisch war. Anders als bei meinen früheren irregeleiteten Beziehungen habe ich sie ganz für mich alleine. Sie beschenkt mich mit der grenzenlosen Freiheit, überall hin zu gelangen und eine Fülle neuer Eindrücke zu gewinnen.

Doch vor allem: Ich schlafe nicht nur mit ihr, ich schlafe in ihr. Näher bin ich nie einem weiblichen Wesen gekommen. Corvette hat ein unglaublich großes und starkes Herz. Es schickt Vibrationen durch ihren und durch meinen Körper, durch unsere vereinten Körper. Und sie hat ein Gesicht und eine Seele, denn sie ist eine Persönlichkeit, und das zählt.

Ich habe hier eine Stelle angenommen, die es mir erlaubt, täglich in der Sonne zu sein, was ich mir immer gewünscht habe. Es ist mir nie besser gegangen. Du wirst verstehen, daß ich mir weitere Einzelheiten, besonders über unseren Aufenthaltsort, erspare, denn ich möchte diesen Zustand nicht durch äußere Einwirkungen geändert sehen.

PS

Auf dem Gelände unserer früheren gemeinsamen Einrichtung, in der hintersten Ecke, stand ein furchteinflößender schwarzer Schrottpressen-Automat mit gewaltigen Greif- und Kauwerkzeugen. Du wirst Dich mit Sicherheit daran erinnern, denn Du hast ihn des öfteren bestaunt und einmal zu meiner Überraschung und auch zu meinem Befremden gesagt, so etwas Eindrucksvolles, Kraftvolles, Zupackendes, ja, überwältigend Männliches sei Dir noch nicht begegnet. Ich will Dir heute verraten: Wie ich hörte, war er auch ganz außerordentlich an Dir interessiert. Weshalb er Dich für eine mögliche, wie soll ich sagen, Partnerin hielt, habe ich allerdings nie verstanden. Nun, vielleicht wird ja noch etwas daraus. Das wünscht Dir
Dein ehemaliger Lebensgefährte
Adam

Ein gewisses Lächeln

In der Straßenbahn sah ich sie zum ersten Mal, allerdings nur flüchtig. Sie stand auf dem Perron, und irgendein dunkel gelockter, viel zu junger männlicher Begleiter hatte ihr wohl seinen altertümlichen Trenchcoat über die Schultern gehängt und hielt sie in einer sehr aufdringlichen Weise umklammert. Trotz dieser einschränkenden Umstände hatte sie die Haltung einer Prinzessin. Doch das wirklich Wunderbare war, sie hatte ihm den Rücken zugewandt und lächelte mich an. Dieses Lächeln traf mich wie ein plötzlicher Sonnenstrahl, der nicht blendet, sondern überraschend beglückt, und er lief erwärmend durch meinen ganzen Körper.

Vielleicht lächelte sie aber nur aus Gewohnheit, weil sie irgendwo im Service oder in der Pflege tätig war?

Nein, nein! Das war unmöglich, denn sie hatte nicht versonnen nach innen oder unverbindlich irgendwie nach außen ins Blaue hinein gelächelt, sondern sie hatte ihr Lächeln, verbunden mit einem festen Blick, direkt zu mir hingesandt. Es war auch kein rätselhaftes, kein aufmunterndes, schon gar kein aufreizendes, sondern einfach ein bejahendes Lächeln, nur für mich. Ich wußte sofort: Sie oder keine.

Von nun an fuhr ich, so oft es ging, und das war fast jeden Tag, mit dieser Linie.

*

Einige Wochen später – ich saß wieder in der Straßenbahn – sah ich sie zum zweiten Mal. Leider nicht in meiner Bahn.

Wir hatten gleichsam die Rollen getauscht. Sie stand im Eckcafé, in einer Nische, und trug einen schlichten, aber sehr eleganten Umhang. Ich fürchtete, sie würde mich gar nicht bemerken in meiner langsam herumfahrenden Bahn, und wenn doch, dann würde sie wohl nicht mehr lächeln, oder, falls sie lächelte, geschähe es vielleicht nur so in Gedanken, weil sie an etwas Hübsches oder Lustiges dachte.

Sie war auch diesmal nicht allein: der übliche männliche Begleiter. Allerdings sprach sie nicht mit ihm. Das konnte ich im Vorüberfahren genau erkennen, denn sie bewegte ihre Lippen nicht und sandte mir wieder, nur mir, diesen festen, direkten Blick zu, den ich schon kannte, und sie lächelte mir zu, und es war wie ein ganzes Bündel Sonnenstrahlen, das mich im Innersten traf. Wie hatte ich zweifeln können! Ihr Lächeln war wieder, nein, es war mindestens so bejahend wie zuvor, und es war auch eine Botschaft, eine berauschende Botschaft, die lautete: ›Du und ich und ich und du, wir haben uns gefunden, wir gehören zusammen, für immer.‹

Als ich an der nächsten Haltestelle, endlich dem Gedränge entkommen, aus der Bahn sprang und hakenschlagend gegen den Strom der Passanten zurücklief, war sie bereits gegangen. Vielleicht hatte er sie gezwungen. Ich aber hatte nun völlige Gewißheit über das, was ich schon längst oder eigentlich schon immer gewußt hatte und immer wissen würde: Sie oder keine.

*

Als ich sie zum dritten Mal sah, da war es nicht in meiner, oder sollte ich sagen, unserer Straßenbahn, und nicht in diesem Café. Es war völlig überraschend in einem Schaufenster, an dem ich vorbeiging, und ich rede nicht gern darüber, obgleich ich mich andererseits dazu gedrängt fühle.

Sie lag mit ihrem glatten, makellos schimmernden Leib, den ich erahnt, aber nie hatte bewundern oder gar berühren können, am Boden, entblößt, regungslos, und der, den ich schon als ihren Begleiter kannte, der war bemüht, ihr Hosen und eine Bluse anzuziehen.

Wie vom Blitz getroffen schloß ich meine Augen, denn ich wehrte mich gegen diesen erniedrigenden, schmerzvollen Anblick. Mir war klar: Was diesem vertuschenden Tun voraufgegangen, diese gewalttätige, unsägliche Besudelung, konnte sie nicht gewollt haben. Und ich kam zu spät, schicksalhaft zu spät, schon wieder kam ich zu spät! Ich hatte sie diesmal nicht verpaßt. Es war schlimmer: Ich hatte ihr nicht beigestanden, konnte sie wohl kaum noch retten.

Doch dann stürzte ich in das Geschäft und sprang mit einem kühnen Satz auf die Ausstellungsfläche. Oh Gott, noch nie war ich ihr so nahe gekommen, und da sah ich es. Es war wie ein zweiter Blitz. Er blendete mich nicht, sondern traf mich wie ein kalter, tötender Stich, der durch meine Augen hindurch bis in meine Eingeweide drang:

Denn sie lächelte. Wie konnte sie jetzt lächeln! Auf dem Rücken liegend lächelte sie, mit festem, direktem Blick, so –, so unanständig lächelte sie diesen Unhold unverwandt an, regungslos verzückt, ihn, der über ihr kniete, und das, ungeachtet ihrer teilweisen Nacktheit, vor aller Augen. Schamlos, so unendlich schamlos!

Von mir, der ich die wärmenden Strahlen ihres früheren Lächelns, so berauschend bejahend, in mir getragen hatte, nahm sie keine Notiz.

Ich will sie nicht wiedersehen, nein, auch wenn sie diese Stellung dort einmal aufgibt und sich von ihm trennen und mich wieder anlächeln sollte.

Überhaupt: Frauen, die stets nur lächeln, die fände ich auch im Service und in der Pflege, ach, allenthalben fände ich die! Doch ich bin es leid, dieses glatte, puppenhaft porzellanige Lächeln. Ich suche jetzt unter denen mit Falten und traurigem Blick.

Käfighaltung

»Weißt du noch, wie das war, als wir anfingen zu sprechen?«
»Ja, das haben wir Juri zu verdanken.«
»Das würde ich so nicht sagen. Das haben wir vor allem uns selbst zu verdanken.«
»Aber Juri hatte die Lernkassetten.«
»Ja, das stimmt allerdings.«
»Auch er konnte anfangs nicht sprechen.«
»Doch, ich glaube schon, aber es war eine andere Sprache. Er kannte nicht die Sprache der Kassetten. Du weißt, er hat sie bei der Arbeit immer und immer wieder abgespielt und nachgesprochen.«
»Wir haben sie auch nachgesprochen. Das hat uns sehr geholfen. Und daß er jetzt ständig mit uns in dieser Sprache spricht, das hilft uns immer noch.«
»Aber nicht so sehr. Es sind ja nur einfache Befehle und Hinweise, die er uns gibt. Mehr lernen wir, wenn er nicht mit uns spricht.«
»Ach, du meinst, wenn er spricht und uns dabei nicht ansieht?«
»Ich glaube, er weiß nicht, daß wir alles verstehen. Er glaubt, wir verständen nur die einfachsten Wörter.«
»Er sagt manchmal Schimpfwörter und Beleidigungen zu uns in freundlichstem Ton. Das amüsiert ihn.«
»Hast du das auch bemerkt? Er denkt, wir verstehen nichts und lauschen nur seinem Tonfall. Das amüsiert mich.«

*

»Ist dir eigentlich klar, daß mit dem Sprechen bei uns auch dieses Denken begonnen hat?«

»Wir haben auch vorher schon gedacht.«

»Gut, da hast du wohl recht. Aber es war doch ein ganz anderes Denken. Wir haben gedacht: ›Wir sind müde. Wir sind hungrig. Juri riecht unangenehm. Juri ärgert uns. Essen kommt spät. Essen schmeckt gut. Essen schmeckt schlecht.‹ Und noch dieses oder jenes haben wir gedacht.«

»Ja, das haben wir wohl gedacht.«

»Nicht nur gedacht. Das habe ich dir auch angesehen: All das hat mir dein Körper gesagt.«

»Ich weiß, aber das ist schon eine Weile her.«

»Weißt du eigentlich noch: Mein Körper hat auch zu dir gesagt: ›Ich will mich mit dir vereinigen‹. Und du hast manchmal gesagt: ›Ich will das nicht‹ oder: ›Ich will jetzt nicht.‹ «

»Aber nur ganz selten habe ich das gesagt.«

»Nun gut, es stimmt. Du hast auch gesagt: ›Wunderbar, laß es uns tun!‹ «

»Erinnerst du dich noch, wie Juri sein erstes Weibchen mitgebracht hat? Sie waren zusammen in der Futterkammer.«

»Ich weiß nicht, weshalb sie sich verstecken, wenn sie sich körperlich vereinigen. Uns schauen sie dabei immer höchst amüsiert zu. Sie aber verstecken sich.«

»Vielleicht schämen sie sich, weil sie nicht die richtige Fertigkeit besitzen. Du hast doch gesehen, wie umständlich und verkehrt sie die Sache angehen. Sie haben auch nur wenige Haare. Würdest du dich so haarlos zeigen? Ich nicht!«

»Sie nehmen sich auch gegenseitig die Nahrung aus dem Mund.«

»Nein, ich glaube sie kauen gemeinsam.«

»Das mag sein. Aber ich merke, du hast mich nur ablenken wollen wegen dem, was ich über das Denken gesagt habe. Wir denken jetzt anders als früher, wollte ich sagen. Wir haben jetzt so viele Gedanken in uns, Gedanken, die ich an deiner Außenseite nicht erkenne. Du sprichst kaum noch mit deinem Äußeren, wenn dein Mund aus deinem Inneren spricht. Früher hast du mir mit den Bewegungen deiner Arme und Beine, deiner Hände, vor allem mit deinen Augen, alles gezeigt und alles gesagt. Sicher, du hast auch mit deinem Mund gesprochen. Es war eine einfache, klare Sprache. Sie war immer für mich bestimmt und für den Augenblick, in dem du sie gesprochen hast. Jetzt sprichst du oft endlos über Dinge, die nicht da sind, und du sagst nicht alles, oder es ist undeutlich, und du sprichst viel leiser als früher, und manchmal weiß ich nicht, ob du überhaupt mit mir sprichst. Du sagst manches nur so vor dich hin. Ich kann mir nicht sicher sein, was du meinst und ob du es so meinst, wie du es sagst oder wie ich es verstehe.«

»Du sprichst ja selbst viel zu viel und übertreibst dabei noch ganz maßlos.«

»Nein, es ist so, wie ich sage! Früher hattest du auch deine Hände oft an meinem Körper. Jetzt hast du den Kopf in deine Hände gestützt, und gleich wirst du deine Hände auf deine Hüften stützen, und ich weiß nicht mehr, was das bedeutet, was du damit sagst oder nicht sagen willst. Ja, jetzt schweigst du, und auch dein Körper schweigt. Früher haben dein Mund und dein Körper dasselbe gesagt. Heute sagt dein Mund Dinge, die ich an deinem Körper nicht erkenne. Oder aber du sagst gelegentlich noch einige undeutliche Dinge mit deinem Körper und schweigst mit dem Mund dazu.«

»Das tust du genauso.«
»Aber nicht mit Absicht und nicht so häufig. Kürzlich hast du sogar gelogen. Früher haben wir nie gelogen. Wir konnten gar nicht lügen! Jetzt können wir mit unserem Mund Sätze sprechen, die nicht zutreffen, und sogar über Dinge reden, die es nicht gibt, oder die anders sind.«
»Das ist doch wunderbar.«
»Das finde ich nicht. Früher, mit deinem Körper, hast du nie gelogen. Früher hattest du keine Geheimnisse. Jetzt mache ich mir Sorgen, darüber und über vieles mehr. Früher habe ich mir nie Sorgen gemacht. Heute denke ich: ›Weshalb schweigt er?‹, ›Was wird er mir sagen?‹ und ›Was geschieht überhaupt morgen?‹ «

*

»Was glaubst du wohl, woher wir kommen?«
»Du willst wieder nur ablenken. Woher sollten wir kommen? Ist das denn wichtig? Wir waren schon immer hier.«
»Das glaube ich nicht. Und wenn man uns hierher gebracht hätte, von irgendwoher?«
»Das müßten wir doch wissen. Nein, wir waren schon immer hier.«
»Aber sie haben uns hier eingesperrt.«
»Weshalb sollten sie das getan haben? Nein, sie wollen uns schützen.«
»Ich glaube nicht, daß sie uns schützen wollen.«
»Doch, sie beschützen uns vor den Besuchern.«
»Die Besucher wollen uns nur betrachten, und sie lachen über uns.«

»Vielleicht wollen sie die Besucher vor uns schützen.«
»Das ist genauso lächerlich.«
»Wir betrachten sie doch auch und amüsieren uns über sie.«
»Aber wir tun ihnen nichts. Ich bleibe jedenfalls dabei: Wir sind eingesperrt.«
»Möchtest du denn von hier weggehen?«
»Ich möchte einmal auf der anderen Seite stehen und über die Wege laufen, die wir von hier aus sehen. Wir haben hier drinnen gar keine Wege oder nur ganz kurze. Ich möchte einmal vor dem Gitter stehen und diese langen Wege gehen, wo man nicht sieht, wo sie hinführen.«
»Du stehst doch vor dem Gitter.«
»Nein, ich stehe hinter dem Gitter.«
»Also das ist Ansichtssache. Meinetwegen stehst du davor und ich dahinter. Daran siehst du schon, daß es nicht stimmt. Jedenfalls aber haben wir diese schöne Aussicht.«
»Das ist etwas ganz anderes.«
»Es wäre aber nicht in Ordnung, über diese Wege zu laufen. Die Besucher dürfen auch nicht in unseren Käfig kommen und hier zwischen unseren Kletterbäumen und Schaukeln herumlaufen. Keiner darf das, außer Juri.«
»Wo mögen diese Wege da draußen nur hinführen? Es muß außerhalb unserer Welt noch eine andere Welt geben. Wo kämen sonst all die Leute her, die uns besuchen und anschauen?«
»Ja, das mag sein.«
»Hast du schon einmal einen, wie wir sind, darunter gesehen?«
»Es sind immer nur Besucher, große und kleine.«
»Ja, die Besucher sind zahlreich und gewöhnlich. Ich kann

sie nur schwer auseinanderhalten. Bei aller Häßlichkeit sind sie einander so ähnlich. Wir sind nur zwei und ganz verschieden von ihnen: Wir sind ungewöhnlich. Deshalb kommen sie uns auch anstaunen, sonst wäre es umgekehrt, und wir würden sie anstaunen gehen. Das ist der Beweis unserer Ungewöhnlichkeit.«

»Du meinst also, wir haben einen höheren Wert?«

»Natürlich. Du siehst doch, wie sie uns bewundern. Sie können gar nicht genug von uns bekommen, wenn sie hier vor uns stehen. Sie winken, reichen uns die Hände, versuchen uns zu streicheln, und sie machen uns Geschenke. Brauchst du noch mehr Beweise?«

»Ich hörte auch, wie sie sagten, daß sie von uns abstammen.«

»Daran erkennst du ihre Beschränktheit. Das ist doch völlig unmöglich und reines Wunschdenken. Kannst du dich erinnern, jemals schwanger gewesen zu sein. Na also! Wir sind kinderlos, und wann hätten wir je den Käfig verlassen!«

»Manche sagen aber auch häßliche Dinge oder lachen uns aus.«

»Das tun die wenigsten. Das ist dann Neid oder Verlegenheit.«

*

»Du meinst also wirklich, daß es außerhalb unserer Welt noch eine andere Welt gibt, einen großen Außen-Käfig, in dem die Besucher leben?«

»Freilich, sie müssen doch irgendworin leben.«

»Und das kann dann wohl nur ein Käfig sein, meinst du?«

»Natürlich, mit Gittern.«

»Dann könnten sie aber doch nicht zu uns kommen.«

»Doch, das ginge schon. Stell dir nur vor, in unserem Käfig stände ein kleiner Käfig mit einem entsprechend dichten Gitter, und darin säßen zwei von den Ameisen, die hier ständig zwischen unseren Füßen herumlaufen. Natürlich würden die beiden glauben, daß unser Käfig grenzenlos groß sei. Genau so meinen wir, der Besucherkäfig sei unbegrenzt und überhaupt gar kein Käfig.«

»Die Besucher halten uns also in ihrem Käfig in einem Käfig, so wie wir die Ameisen?«

»Ich behaupte nicht, daß es so ist, aber es könnte durchaus so sein.«

»Und worin befindet sich dann der Besucherkäfig? Aha, jetzt weiß ich, worauf du hinaus willst. Du glaubst wohl, daß es noch ganz andere, fernere Besucher gibt, die vor den Gittern unserer Besucher stehen und sie betrachten, während unsere Besucher uns betrachten?«

»Da bin ich mir ziemlich sicher.«

»Und das ginge dann immer weiter und weiter? Jeder Käfig stände in einem größeren Käfig? – Aber in unserem Käfig steht kein anderer Käfig. Weder mit noch ohne Ameisen. Daran siehst du, daß diese Theorie nicht stimmt.«

»Das ist kein Widerspruch. Natürlich steht in unserem Käfig kein Käfig. Wir stehen ja am Ende der Kette.«

»Vielleicht auch am Anfang?«

»Wie auch immer. Jedenfalls geht über uns nichts hinaus. Daran erkennst du nun wirklich unsere Besonderheit.«

»So wird es wohl sein. Ach, glaubst du eigentlich, sie haben auch eine Art Juri und fangen eines Tages an, besser zu denken, also ich meine, so wie wir, über ihren Käfig hinaus weiter zu denken?«

»Das kann schon sein, aber viel nutzen wird es ihnen nicht.«

»Was soll denn das schon wieder?«

»Nun, es wird ihnen wohl gehen wie uns: Wir denken und denken und reden und reden. Aber kommen wir denn aus unserem Käfig heraus?«

»Siehst du, das meine ich ja. Wir könnten hier ganz zufrieden sein, wenn wir nicht mit diesem vermaledeiten Denken angefangen hätten. Du solltest mich einfach einmal öfter lausen.«

Ein und Aus

– Ein –

Wir klingelten mehrmals an der Haustüre. Es dauerte elendiglich lange, bis uns geöffnet wurde. Manche Leute scheinen ständig auf ihren Ohren –, na ja, Sie kennen das. Der uns öffnete war ein unsympathischer alter Mann. Es gibt ja wenig ältere Leute, die man sich noch ansehen kann. Jedenfalls war er auch einer von denen. Er hieß uns nicht willkommen, bat uns nicht näherzutreten, sagte auch nicht, was er von uns erwartete, wirkte überhaupt sehr reserviert. Das hätten wir uns denken können.

Als wir im Flur standen, schlug er mit ziemlicher Lautstärke die Haustüre hinter unserem Rücken zu. Ob aus Schwerhörigkeit oder Unfreundlichkeit konnten wir nicht entscheiden. Daß er uns sogleich durch das Haus führte, obwohl wir nicht darum gebeten hatten, fanden wir höchst unpassend, zumal er neugierig auf die Wirkung zu sein schien, die dieser Rundgang auf uns machte. Wer gibt derart leichtfertig und aufdringlich seine Privatsphäre preis, und das bei solchen Kacheln und Blumentapeten!

Aufgrund seiner mangelnden Höflichkeit mußten wir unsere Mäntel unaufgefordert ablegen. Viel zu spät für ein wirklich gastfreundliches Verhalten kam seine Frage: »Darf ich Ihnen behilflich sein?« Ob er damit die durch sein hartnäckiges Schweigen und die unsteten Blicke verursachte Peinlichkeit zu beenden gedachte, war eher zweifelhaft, denn wir konnten ebenfalls nur unaufgefordert im altertümlichen Plüsch- und Eichenwohnzimmer Platz nehmen.

Man stelle sich vor: Zu meinem Begleiter, der gerade eine längst notwendige Überprüfung des Inventars vornahm, sagte er doch: »Bedienen Sie sich. Es ist genug von allem da.«

Das war ja nun wohl eine unglaubliche Übertreibung, wenn nicht gar eine Ironie, im schlimmsten Fall aber eine Provokation, die uns auch weiterhin die Sprache verschlug und die wir so nicht im Raume stehen lassen konnten.

Natürlich hatte das Konsequenzen, und er lag mit einem Mal ziemlich ungeschickt und anstößig am Boden, und dies an einer Stelle, wo sein Verbleib auf die Dauer störend wirken mußte. Schließlich lag, wie wir bei der Führung gesehen hatten, in diesem Hause schon genug herum! Wir machten uns – trotz großen Hungers – noch die Mühe, ihn an die Wand zu rollen. Besser so, als später über ihn gestolpert!

Da er mit der bei älteren Leuten, vornehmlich bei alleinstehenden Greisen, nicht ganz unüblichen entschlußlosen Liederlichkeit und einer schnurstracks auf das Ende zuführenden Appetitlosigkeit bei mangelnder Kaufähigkeit noch keinerlei Essensvorbereitungen für den Abend getroffen hatte, mußten wir dies übernehmen. Angesichts der beschämend kargen Vorräte allerdings ein schwieriges Unterfangen.

Nach der ärmlichen Mahlzeit sprachen wir ein Dankgebet, das im gegebenen Fall eigentlich überflüssig war. Ich ging ins Wohnzimmer zurück, wo er noch lag, und behandelte ihn getreu dem Grundsatz ›Tue nichts halb!‹. Sympathischer machte ihn dies nicht. Eine Schande, daß er den Teppichboden verdorben hatte.

Nachdem wir in der Küche den aufgelaufenen widerlichen Berg Geschirr – wahrscheinlich von mehreren Wochen – gespült, abgetrocknet, sortiert und eingeräumt hatten, lüfteten wir das muffige Schlafzimmer, entfernten über den

Betten das unerträgliche Bild mit einem röhrenden Hirsch – einen Porzellanhirsch mit eingebauter Uhr hatten wir bereits aus dem Wohnzimmer verbannt –, zogen die gesamte ehemals wohl weiße Bettwäsche mit ihren altertümlichen Stickereien von den durchgelegenen Betten ab, na ja, ich kann Ihnen sagen, gingen dann gleich zu Bett, und wachten früh am anderen Morgen auf.

Die Sonne schien durch die geblümten Vorhänge auf unsere grüne gesteppte Bettdecke, auch diese Geschmacklosigkeiten werden wir noch beseitigen, und irgendwo krähte ein Hahn. Nach dem Zähneputzen – ich kann Ihnen nur raten: immer auf und ab, nie nur so darüber – freuten wir uns auf duftenden Kaffee und frische Brötchen. Zugegeben ein antiquiertes bürgerliches Vergnügen. Doch dazu stehen wir.

Sodann aber: Das Haus bedurfte dringend einer säubernden und ordnenden Hand. Mit Rücksicht auf die Nachbarn brachten wir auch vor dem Haus schon einiges in Ordnung.

Im Wohnzimmer jedoch – fragen Sie mich nicht! – da lag er noch, wo wir ihn hingerollt hatten, eigentlich erstaunlich, so, als könnte er kein Wässerchen trüben und noch Monate und Jahre dort verbringen. Von wegen, mein Lieber!

Bei vollem Tageslicht sahen wir auch, daß man ihn mit den Kleidern, die er am Leibe trug, teils wegen ihres Verschleißes, teils wegen der in der Nacht entstandenen Flecken und Liegefalten, nicht mehr unter die Leute lassen konnte. Der war richtig heruntergekommen. Da hätte man sich ja schämen müssen.

Angesichts seiner auch jetzt noch an den Tag gelegten Entschlußlosigkeit war es an uns, den Auszug vorzubereiten. Sie können sich denken: Das war kein Leichtes unter den gegebenen Umständen.

Wie wir vermutet hatten, war auch mit seinem Körper kein Staat zu machen. Glauben Sie mir, es ist nicht angenehm, mit einem würdelosen Körper zu hantieren, der überdies wenig kooperativ, ja noch geradezu recht eigensinnig sein kann. Unkonventionelle, aber konsequent durchgeführte Lösungen sind da meist das Beste. Letztlich konnten wir ihn von einer Lösung überzeugen, bei der er nicht einmal einen Fuß vor den anderen zu setzen brauchte.

Nachdem wir einiges an Müll sortiert hatten – das ist uns eine liebgewordene Aufgabe –, fuhren wir noch die Biotonne vor das Haus.

Spätestens heute Nachmittag werden wir uns mit einem Blumenstrauß bei den Nachbarn vorstellen.

– Aus –

Es hatte wohl an der Haustüre geklingelt. Mein Gehör ist noch immer recht gut, aber die Klingel hat sehr nachgelassen. Ich stelle das immer wieder fest.

Sie waren ein junges Paar, traten nacheinander ein, sprachen kein Wort. Ich wies sie nicht ab, obgleich ich mich nicht erinnern konnte, eine Einladung ausgesprochen zu haben, schloß dennoch, da sie schon einmal im Flur standen, die Haustüre hinter ihnen.

Blumen oder gar Süßigkeiten – unter uns: Letztere sind mir entschieden lieber – hatten sie nicht mitgebracht. Ich erwartete daher zumindest das Vorweisen eines Sammlerausweises einer gemeinnützigen Organisation, wenn nicht gar das Hinweisen auf gemeinsame Bekannte. Nun ja, man fragt nicht gerne danach – es hätte mich auch gewundert –, doch es geschah nichts dergleichen.

Sie schienen das Haus besichtigen zu wollen, obgleich es weder zur Vermietung noch zum Verkauf noch zur Versteigerung stand. Vielleicht hatte sich irgendein Makler das Objekt doch schon gesichert, wer weiß, oder irgendeine Behörde oder ein Konzern hatte seinen Abriß beschlossen. Man ist ja nicht sicher vor solchen Dingen. Allerdings öffne ich alle Briefe, die in meinen Kasten eingeworfen werden.

Ich führte durch die wenigen Räume meines Vaterhauses. Am Ende des Rundgangs legten sie ihre schwarz glänzenden Ledermäntel ab – ich fragte: »Darf ich Ihnen behilflich sein?« – und nahmen im Wohnzimmer Platz. Ob das Haus ihren Vorstellungen entsprach oder ihren Plänen in irgendwelchen Einzelheiten entgegenstand, vermochte ich nicht zu erkennen.

Es herrschte Schweigen, kein verlegenes, vielmehr ein abwartendes. Es gab auch keine sonderlichen Blicke oder Gesten. Schließlich öffnete sie ihr Handtäschchen, überprüfte ihr Aussehen im Spiegel eines aufgeklappten Puderdöschens, zog die Lippen mit einem Stift nach, der in seiner Grellheit meinem Geschmack bei weitem nicht entsprach – ich hütete mich natürlich, dies zu äußern – und richtete eine Pistole auf mich, während er sich erhob und begann, mit ruhigem Anstand Schränke und Schubladen zu durchsuchen. Ich sagte: »Bedienen Sie sich. Es ist genug von allem da. Sollten Sie etwas vermissen, könnten wir ja – «

Ob sie sich befreit fühlten, als ich erschossen am Boden lag – gern hätte ich noch den Satz beendet –, vermag ich nicht zu sagen. Wer blickt schon in einen anderen hinein. Jedenfalls habe ich nie mehr derart schweigsame Mitmenschen erlebt. Möglicherweise waren sie keiner Muttersprache mächtig.

Sie schoben und rollten meinen Körper beiseite, etwas unsanft, aber ein menschlicher Körper ist eben aufgrund seiner mehrfach gewinkelten Extremitäten sperrig, und ich selbst konnte wenig dazu tun.

Ich lag nun mit dem Rücken an der Wand, wo früher der Gummibaum vielleicht etwas zu sonnig gestanden hatte und fühlte mich noch recht warm an. Mein Tod, zumal in dieser Form und Plötzlichkeit, war bei egoistischer Betrachtung sicher bedauerlich, aber nicht mehr zu ändern. Damit mußte ich mich abfinden. Doch ich war gespannt, wie es weiterging.

Währenddessen hatten die beiden von ihrer Suche abgelassen und begonnen, in der Küche ein Essen zuzubereiten. Ich hörte das Klappern von Geschirr, und mir entging auch nicht das Aufschlagen und Brutzeln von Spiegeleiern. Das ist immer ein schnelles, leckeres und stärkendes Gericht. Ein Glück, daß ich am Vortag noch Vorsorge getroffen hatte. Freilich, man brauchte noch etwas dazu: Speck vielleicht und ein paar Gürkchen. Diese guten Dinge hatte ich allerdings nicht da, und das Brot konnte knapp werden. Wer ist denn auf zwei zusätzliche Esser gerichtet! Schließlich hörte ich sie gemeinsam einen längeren gleichförmigen Text sprechen.

Sie, die mich erschossen hatte, kam nun mit einem Teller ins Wohnzimmer zurück, nahm einen Happen, leckte die Zinken der Gabel mehrfach ab, legte sie auf den Teller und diesen nebst der mitgebrachten Serviette, auf der sich Abdrücke ihres Lippenstiftes befanden – bei solchen Dingen entgeht mir nichts –, auf den Wohnzimmertisch und gab noch einen Schuß auf mich ab, was ich für übertrieben hielt.

Freilich, und das mußte ich ihr zugute halten, war dieses weitere Loch in meinem Körper trotz des wiederum starken Einschlags völlig schmerzfrei. Ich vermute allerdings, daß mein ehedem noch recht ordentliches Aussehen durch diesen Kopfschuß gelitten hat, wiewohl ich gewiß nicht unkenntlich geworden sein dürfte, denn die Stirn spielt im Gesicht ja nicht die entscheidende Rolle, konnte dies jedoch vom Boden aus nicht überprüfen, und die noch offenstehenden Glastüren des gegenüberstehenden Schrankes befanden sich in keinem günstigen Winkel.

Nun bemerkte ich auch die Blutlache neben mir und erahnte eine ähnliche unter mir. Jedenfalls war der Teppichboden unrettbar verdorben, wenngleich er durch den Topf des Gummibaums und mehrfaches Überwässern bereits vorgeschädigt war. Ich fühlte mich nicht ganz unschuldig an der Verschmutzung, wie überhaupt an den Vorkommnissen.

Keine Frage: Es ist stets peinlich, wenn sich am Boden um den Körper herum Flüssigkeit ausbreitet, welcher Art auch immer. Abgesehen von der Verschmutzung zeigt sich darin, daß man wesentliche Dinge, die dem Auge des Betrachters normalerweise entzogen sind, nicht im Griff hat. Hinzu kommt, daß dieses völlig geräuschlose, langsame, nicht beherrschbare Auslaufen auch etwas Unheimliches, Rätselhaftes, zumindest aber ganz und gar Ungewöhnliches an sich hat.

Nach dem Abspülen des Geschirrs gingen sie erstaunlich früh zu Bett. Ich fühlte mich ausgeschlossen und in der schlaflosen Nacht auch schon ein wenig kälter an.

Endlich war Mittwochmorgen. Da wurde stets die große Mülltonne geleert. Als sie mich entkleideten, wurde mir bewußt, wie steif ich über Nacht geworden war, paßte dann aber doch ganz gut hinein.

Ich habe immer Wert auf ein gepflegtes Erscheinungsbild gelegt. Welch entscheidende Rolle dabei weniger der eigentliche Körper als vielmehr schmückende und schützende Textilien spielen, wird einem erst in Momenten wie diesen klar. Ich muß gestehen, daß ich eine gewisse Scham empfand. Gern hätte ich ihnen den Anblick erspart. Gewiß, die Aktion war ein wenig pietätlos, aber doch aus der Not geboren.

Während des Hinausrollens – sie hatten mich erfreulicherweise nicht kopfüber eingefüllt, man ist ja kein Akrobat, sondern hatten eine Steißlage gewählt, bei der mein Kopf aufrecht auf meinen angezogenen Knien positioniert war –, was wollte ich sagen? ach ja, da bemerkte ich durch einen Spalt des Deckels, daß sie bereits den Rasen gemäht und das Klingelschild ausgetauscht hatten. Irgendwie kam mir der Name vertraut vor. Aber er fiel mir gerade nicht ein, obwohl mein Gedächtnis mich eigentlich noch selten im Stich gelassen hat.

Laß uns sein ein Gedicht

Sie hatte die Kästen auf der 70., 71., 72. und 73. Straße zu leeren, und das zweimal am Tag.

Mit ihrem Postauto fuhr sie an dem letzten Kasten der 73. vor, stieg aus, öffnete die beiden hinteren Flügeltüren des Fahrzeugs, nahm die große Posttasche heraus, ging zum Postkasten, öffnete ihn mit dem Spezialschlüssel und hatte ihre Beute gefangen. Sie klappte die Tasche zu und verschloß den Kasten wieder. Zurückgekehrt zum Auto, leerte sie die große Posttasche in eine noch größere dunkelgraue Plastikwanne, die schon gut gefüllt auf der Ladefläche stand, stellte die geleerte Posttasche daneben, schlug die Flügeltüren des Postautos zu, stieg ein und fuhr nach Hause an den Stadtrand, denn es war Mittagszeit.

Sie ließ den Wagen nicht vor dem Haus, sondern fuhr ihn wie stets in die Garage neben ihren privaten Buick, schloß das Tor hinter sich, öffnete die beiden Flügeltüren des Postautos, nahm den großen Behälter heraus, trug ihn zu einem Tisch am Ende der Garage und begann mit der Arbeit.

Es machte ihr immer noch Freude. Das ist etwas, das sich nie verliert, dachte sie, obgleich die Zeit irgendwie immer knapper wird. Natürlich hatte sie eine Verantwortung den Postkunden und der Post gegenüber. Sonst hätte sie sich auch all diese Mühe nicht gemacht, sondern einfach drauflosgeöffnet.

Zuerst also der Lampendurchgang. Natürlich konnte und wollte sie nicht den gesamten Brieferngang berücksichtigen. Die Auswahl traf sie immer aus dem Bauch heraus. Das hatte auch etwas von einer Lotterie an sich. Es waren nur wenige Schecks darunter, und auf zehn Verrechnungsschecks kam vielleicht ein einziger Barscheck. Die Leute waren vorsichtig, aber die große Menge der Briefe brachte es dennoch. Immerhin, ein- bis zweimal die Woche gab es einen Treffer, keine großen Beträge freilich. Das war auch mit den Geldscheinen so, obgleich diese ein wenig häufiger dabei waren.

Eine andere Sache waren die Briefe von Banken, Steuerberatern, Anwälten und Immobilienhändlern. Da hätte sie mit Erpressungen und Informationen ihr kleines Vermögen noch erheblich vergrößern können. Auch fast ganz legale Aktienspekulationen hätten Geld bringen können. Aber um all dies systematisch zu betreiben, – und das meiste davon mußte man wohl systematisch betreiben –, fehlte es ihr einfach an der Zeit und an den Nerven. Die Lektüre und Verarbeitung solcher Briefe konnte Stunden dauern, und sie verstand auch nicht alles. Sie hätte ein Büro mit mehreren Fachleuten unterhalten oder für simplere Aufgaben zumindest einen Boten oder Eintreiber herumschicken müssen. Aber das war nicht ungefährlich. Schon die Mitwisser wären ein Problem geworden.

Mit ihrem Postberuf aufhören? Nein, das kam nicht in Frage. Sie hatte nicht genug beisammen, um ihren Brotberuf einfach beenden zu können. Wenn sie Beruf und Briefe aufgab, versiegten beide Einnahmequellen mit einem Schlag. Man sollte sich nicht täuschen: Ein Vermögen mußte schon verdammt groß sein, wenn man allein damit für den Rest des Lebens auskommen wollte. Das Schlimme war: Wenn sie ihre ›Pflicht‹ beendete, war auch mit der ›Kür‹ Schluß, und das von heute auf morgen. Eine bedauerliche, aber klare Situation.

Zurück zur Auswahl der Briefe. Anfangs war sie schon etwas willkürlich vorgegangen. Zugegeben. Erst seit einigen

Wochen hatte sie sich auf das konzentriert, was sie wirklich interessierte, denn eigentlich kam es gar nicht so sehr auf das Geld an. Sicher, es hatte sie zu einer nicht ganz unvermögenden Frau gemacht, zumal sie ohne Familie war. Nein, in erster Linie ging es um Neuigkeiten, um Geschichten, um Schicksale, um Persönliches, um Geheimnisse, um Mitmenschen. Das war ihr anfangs selbst nicht klar gewesen.

Das Persönlichste war zugleich das, was sich oft äußerlich am leichtesten erkennen ließ: Liebesbriefe. Gut, wohl nicht alle Liebesbriefe waren von außen als solche zu erkennen, aber doch die meisten.

Für die Erkennbarkeit gab es verschiedene Merkmale. Zunächst die Farbe: zumeist ein zartes Rosa oder Hellgelb bei weiblichen, aber auch ein Bleu oder Grau bei männlichen Liebesbriefen, das heißt bei entsprechenden Absenderinnen oder Absendern. Dann das Format: nicht selten ganz klein, aber auch ungewöhnlich groß, gelegentlich vollkommen quadratisch oder auch übermäßig lang, oft ein besonderes Papier, zu allermeist ein Futter aus Seidenpapier. Das gab ein leises Knistern. Zuletzt der dezente Duft. Gelegentlich kam alles zusammen. Und einmal war sogar ein Brief mit dunkelrotem Siegellack und einem eingeprägten Wappen dabeigewesen. Das war schon ungeheuer europäisch vornehm. Insgesamt war es eine Sache – wie sagte man neuerdings immer? – eine Sache für alle Sinne.

Viele von diesen Briefen gab es nicht. Natürlich telefonierten die meisten Leute, schickten sich Nachrichten über das Internet oder Blumen und irgendwelche Präsente. Das war ihr schon klar. Nach einigen Wochen hatte sie jetzt ganze fünf Liebesbriefschreiberinnen, die tatsächlich welche waren, ein zweites Mal geschrieben hatten und von denen noch Weiteres zu erwarten war. Es waren alles Frauen in ihrem Bezirk, die sie sozusagen betreute.

Viel Zeit blieb neben der Bearbeitung der Bargeldbriefe mittags nicht. Es reichte gerade noch zum Herauslegen der vermuteten Liebesbriefe. Erst abends öffnete sie diese speziellen Herzensschätze unter Wasserdampf. Das war ihr die liebste und aufregendste Seite des Ganzen. Ihr Dampfgerät diente eigentlich der Verbesserung des Raumklimas, tat ihr aber auch bei den Briefen gute Dienste. Auf das bedächtige Öffnen der Kuverts, das langsame Herausnehmen eines oder mehrerer Bögen und das alles offenlegende Entfalten schließlich, darauf freute sie sich den ganzen Nachmittag über.

Sie hatte sich einen einfachen Kopierer zugelegt, mit dem sie die wichtigsten Briefe kopierte. Da war sie sehr gewissenhaft. Sie hätte die Briefe vielleicht abgeschrieben, aber es kam ja auch auf die Bewahrung des Schriftbildes an. Überdies wurden die Liebesbriefe sorgfältig aufgelistet und nach Merkmalen beschrieben. Schließlich mußte man sich alle Möglichkeiten offenhalten. Dann wurde wieder verschlossen. Dazu benutzte sie einen feinen Leim, der nicht klümperte, aber auch nicht zu wäßrig war und den sie mit einem schmalen, flachen Pinsel hauchdünn aufstrich. Es ging recht gut. Am anderen Morgen gab sie die Briefe dann wieder in die Post. Ja, tatsächlich hatte es einmal einen alleinstehenden Kollegen gegeben, in dessen Apartment man tonnenweise unterschlagene Briefe gefunden hatte. Da waren dann eben Unmäßigkeit, Disziplinlosigkeit und Faulheit zusammengekommen. Das war nicht ihr Stil.

Sie hatte in ihrem großen Behälter entsprechend der Abfolge der Postkästen Unterteilungen eingerichtet, um später noch zu wissen, aus welchem Kasten ein bestimmter Brief stammte. Auch das wurde notiert. Das konnte einmal sehr wichtig werden. Dabei schwebte ihr noch nichts Genaues vor, aber besser war es sicher.

Es gab Postkästen, und die kannte sie ganz genau, die mehr Geld hergaben und andere, die mehr Persönliches oder gar Intimes preisgaben, natürlich auch solche, die man hätte schließen können. Das hing ganz davon ab, welche Gebäude in der Nähe standen, ob dort mehr gewohnt, gearbeitet, gekauft, verzehrt oder nur herumgelungert und gehurt wurde.

*

Sie erinnerte sich, gelegentlich schon einmal einen Brief in violetter Farbe gesehen zu haben, aber da war sie noch nicht auf Liebesbriefe, sondern ausschließlich auf Scheck- und Bargeldbriefe ausgewesen. Doch nach ihrer jetzigen Umorientierung oder, wie man wohl richtiger sagen mußte, Erweiterung ihres Interesses und damit Verlagerung ihres Tätigkeitsschwerpunkts, war ihr ein solcher violetter Brief natürlich hoch willkommen. Der mußte aufgrund seiner Farbe unbedingt ein Liebesbrief sein. Was sonst!

An diesem Mittag hatte sie ihn dabeigehabt, und er war zudem ungewöhnlich dadurch, daß er ganz ohne Absender daherkam. Auch war der Adressat, ein George Harrington – hatte sie den Namen nicht schon einmal gehört? –, weder auf ihren Empfänger- noch auf ihren Absenderlisten zu finden. Also in jeder Hinsicht ein neuer Fall.

Am Abend öffnete sie eine Flasche Merlot, dazu reichte es allemal, setzte sich in ihren Sessel am Kamin und nahm sich den Brief vor. Es war eine schöne Handschrift, fand sie, und sogar mit Tinte geschrieben. Ein Datum fehlte. Der Text des Briefes lautete:

Liebster George,

ich sehne mich so nach Dir, nach Deinem lieben Lachen, Deinen gefühlvollen Händen, Deiner männlichen Stärke, Deiner Ausdauer in allem.

Gestern hat man wieder einmal mit Untersuchungen begonnen. Ich muß und werde es durchstehen.

Ich lege Dir ein Gedicht bei. Stell Dir vor: Ich habe es als Lesezeichen in einem Buch über Brustkrebs in der hiesigen Bibliothek gefunden. Ist es nicht erstaunlich, welche Wege Gedichte nehmen können. Manchmal denke ich, sie suchen sich ihre Leser und ihre Bleibe ganz von alleine.

Auch unsere erste Begegnung war ja nicht zufällig. Ich glaube fest daran, daß wir schon vor aller Zeit für einander bestimmt waren und uns jetzt nur wiedergefunden haben.

Deine Dich inniglich und auf immer liebende
Claire.

Sein wie ein Reim

Wir wollen sein
wie ein Reim:
nicht gleich,
aber einander am Ende
unendlich ähnlich.

Wir wollen sein
wie ein Reim:
nicht zufällig beieinander;
nur wiedergefunden,
wiedergefügt.

Wir wollen sein
wie ein Reim:
ein vereinter Sinn
im Zusammenklang
ohne Zwang.

Doch einst,
wenn unsere Verse
in letzten Strophen
zusammengewachsen
untrennbar enden,

laß uns sein ein Gedicht.

Das Gedicht – wann hatte sie einmal ein Gedicht gelesen, in der Schule vermutlich? – fand sie weniger gut, zu pathetisch, zu uncool letztlich, und diese überflüssigen, aufdringlichen Wiederholungen! Wer wollte sein wie ein Reim oder gar wie ein Gedicht? Also, sie kannte keinen. Das war doch Schwachsinn. Und die Reime selbst waren wohl auch nicht okay. Konnte diese Frau statt dessen nicht noch etwas Eigenes sagen, etwas Handgreifliches, Genaues? Zum Beispiel: Daß sie sich irgendwo treffen sollten und so weiter. Na ja, der Brief hatte eigentlich ganz gut angefangen, man wußte genau, was da gelaufen war. Klar, die Frau konnte ihr im Grunde gleichgültig bleiben. Der Adressat, dieser George mit seiner – hoppla! – männlichen Stärke und Ausdauer, auf den kam es an, der interessierte sie.

Wer mochte dieser angehimmelte, gut ausgestattete, dominante Bursche sein? Wie lebte er?

Es war eine Adresse, die etwa eine halbe Stunde Fußweg vom Einwurfkasten auf der 73. Straße entfernt liegen mußte. Sie könnte und sollte sich diesen George einmal ansehen, am nächsten Wochenende vielleicht. Weshalb auch nicht! Doch es war wohl besser, noch weitere Briefe, zumindest noch einen weiteren abzuwarten. Vielleicht würde sie darin Dinge erfahren, die zu wissen wichtig wären, wenn sie ihn zum ersten Mal sähe, irgendeine Vorliebe, etwa beim Sex, da gab es ja ungezählte Möglichkeiten, oder beim Essen, oder eine körperliche Eigenart. Das könnte interessant werden.

Sie kopierte den Brief, machte noch einige Notizen zu Papierqualität und Farbe der Tinte und kuvertierte ihn wieder sorgfältig.

*

Ihre Geduld wurde auf die Probe gestellt. Sie hatte schon den Glauben an einen zweiten Brief verloren und war nur durch einige Barschecks abgelenkt worden, als nach etwa vier Wochen endlich wieder ein violetter Brief dabei war, der auch im Format und vor allem natürlich in der Anschrift des Empfängers George Harrington dem ersten völlig entsprach. Mit zitternder Hand zog sie ihn in der Garage aus dem Behälter, er entstammte wieder dem Einwurfkasten 73./Ecke 34. Straße.

Auch diesmal fehlte eine Absenderangabe. Aber es war ja zu vermuten, daß die Absenderin, diese ihren George ›auf immer liebende Claire‹, in der Nähe des Einwurfkastens wohnte. Sicher war das allerdings nicht, denn es gab viele Autofahrer, die an den Kästen kurz anhielten, um ihre Post einzuwerfen. Sie konnten von überall herkommen.

Am Abend machte sie keine Flasche Rotwein auf, sondern ließ Wasser in die Badewanne ein, schüttete einen nach Rosenblüten duftenden Zusatz hinein, öffnete noch eilig den Brief über Dampf, las ihn aber nicht, entkleidete sich rasch, wobei sie ihre Kleidungsstücke ausnahmsweise im Schlafzimmer verstreuend von sich warf, eilte ins Bad, stellte den Hocker neben die Wanne, stieg mit einem Bein hinein, zog das Bein kopfschüttelnd wieder heraus, trocknete es flüchtig ab und holte mit spitzen Fingern den Brief aus der Küche, legte ihn vorsichtig auf den Hocker – sicher, es war ein wenig riskant, im Bad mit einem Brief zu hantieren, den man wieder abschicken mußte –, ergriff noch schnell eines ihrer Frotteehandtücher, legte es dazu und stieg endlich ins wohlig warme Wasser.

Sie ließ sich darin nieder und schloß die Augen. Nach einer Weile stießen ihre Brustspitzen von unten rhythmisch

Ringe in die Wasseroberfläche. Ach, ja! Das waren jetzt die besten Minuten. Diese Spannung und Entspannung! Sie atmete tief.

Danach zwang sie sich zur Besonnenheit. Langsam streckte sie ihre Hände aus dem Wasser, nahm das Handtuch und trocknete sie sorgfältig ab. Dann ergriff sie bebend den Brief, entfaltete ihn und legte sich zurück.

Liebster George,

ich bin hier so einsam und allein ohne Dich.

Als Du mich zum ersten Mal genommen hast, Du weißt noch, an diesem warmen Strand in der wunderbaren schäumenden Brandung, fühlte ich mich völlig von Dir durchflutet und erfüllt. Doch ich hatte schon damals Angst vor dem Abschied und vor jedem künftigen Abschied.

Es war die Stimmung unseres Lieblingsgedichts. Es zeigt mir auch, wie sehr wir, aller trennenden Entfernung zum Trotz, aufeinander bezogen und miteinander verbunden sind und dies auf ewig bleiben.

Claire

Die Bucht

Die runde Bucht
umfaßt mit sonnenwarmen, offenen Armen
das Meer
und gibt sich lustvoll hin
der drängenden, schäumend erfüllenden Flut.

Ja, sie weiß um die Ebbe, die ihr alles nimmt,
und um künftige Ebben und Ebben.
Doch jede Ebbe macht sie wieder weit
und wieder bereit für die nächste Flut
und für künftige Fluten und Fluten.

Ohne sie ist das Meer auf ewiger Flucht,
und ohne das Meer ist sie selbst nicht Bucht.
So entläßt sie das ermüdet verebbende Meer
und erwartet die flutend erstarkte Wiederkehr
in Geduld.

Schon im Verrinnen
spürt sie das Neu-Beginnen,
fühlt in der Leere schon die Fülle
und in der Sehnsucht die Gewißheit
der Bewegung, die in allem,

ewig fallend, ewig steigend,
ewig trennend, ewig einend.

Sie durfte sich keine Zeit mehr lassen mit dem Kennenlernen dieses Mannes, obgleich es wohl nicht besonders fair war, einer Frau den Mann wegzunehmen. Nun, das kam ständig vor, aber davon konnte bei ihr wirklich keine Rede sein, jedenfalls jetzt noch nicht. Das mußte ein Prachtkerl, ein Liebhaber erster Güte sein, dort in der schäumenden Brandung. Diese Claire war ja nicht ohne Grund völlig hin und weg von ihm.

Daß sie hier in der Nähe wohnte, war allerdings höchst unwahrscheinlich. Dann hätte sie wohl kaum Briefe geschrieben, sondern wäre gleich zu ihm geeilt. Nun, nicht in jedem Fall. Es konnte ja sein, daß er sich von ihr getrennt hatte, sie nicht mehr sehen wollte, sie ihn aber weiter mit ihrer Liebe verfolgte. Das Luder war diesem Mann hörig, und wahrscheinlich war sie ihm jetzt auch lästig!

War es nicht auch möglich, daß sie in einer Strafanstalt einsaß, und irgend jemand tat ihr den Gefallen, die Briefe hier in seiner Nähe einzuwerfen? Darüber etwas Genaues herauszufinden würde allerdings nicht einfach sein. Natürlich konnte diese Frau auch irgendwo zuhause in einem Rollstuhl sitzen und hatte sich die ganze Geschichte aus den Fingern gesogen. Letztlich war es sogar möglich, daß dieser George gar nicht existierte und nur die Ausgeburt einer kranken Phantasie war.

*

Die hochinteressante geheime Lektüre eines Briefes bedeutete schon sehr viel, dann aber aus diesem geheimen Wissen heraus, das wohl immer eine noch größere Menge Nicht-Gewußtes und noch zu Tage Tretendes hinter sich herzog, eingreifen zu können in eine lebendige, gegenwärtige Geschichte, das war – wie ihr jetzt mit einemmal klar wurde – die Krönung. Damit verglichen war das Herumwühlen nach Schecks geradezu kümmerlich.

Vielleicht war er zwar der perfekte Liebhaber, in technischer Hinsicht, sah aber ganz gräßlich aus. Es gab Frauen, die auf solche Horrortypen aus waren. Sie jedenfalls nicht.

*

Am Samstagmittag nahm sie ein zweites Bad, verteilte eine Menge Deo auf diversen Körperpartien, putzte nochmals sorgfältig die Zähne, lackierte Hand- und Fußnägel – die Beine hatte sie bereits am Abend zuvor epiliert –, bearbeitete ihre Wimpern, zog die gespritzten Lippen nach, streifte die neuen mangofarbenen Dessous über: einen durch Aufziehen seiner seitlichen Bänder unglaublich effektvoll zu lösenden Slip, dazu ein Hemdchen mit Strumpfhaltern und den zugehörigen eierschalenfarbenen Strapsstrümpfen, schlüpfte in das hauchdünne rote Seidenkleid, nahm die Curler aus ihrem blonden Haar, bürstete es mehrmals durch, gab noch etwas Chanel auf Ohrläppchen und Handgelenke, legte eine Perlenkette an, befestigte ihre korallenroten Ohrclips, streifte ein Armband und mehrere Ringe über, stieg in ihre hochhackigen roten Pumps und bestellte schon einmal eine Taxe – mit dem Buick in die Stadt zu fahren hatte keinen Sinn wegen des Parkens –, steckte zu guter Letzt noch ein Sortiment verschieden geformter und gefärbter Präservative und eine Tube Ketchup in ihr lackiertes Handtäschchen und stellte sich wartend ans spiegelnde Fenster. Ja, sie konnte sich auch mit Anfang vierzig noch sehen lassen.

Das Alter mußte man schließlich keinem auf die Nase binden. Sie sah sich jetzt ganz deutlich: Eine größere Versuchung hatte selbst diese unverschämt attraktive ..., wie hieß sie noch?, in ihrem letzten Film nicht dargestellt.

*

Die Taxe hielt vor einem einfachen, aber nicht ungepflegten Apartmenthaus am Ende der 74. Straße. Ihre Pumps drückten schon jetzt, selbst im Wagen waren sie unangenehm gewesen. Auch die Ohrclips waren nicht gerade das, was man sich an dieser oder einer anderen Körperstelle wirklich wünschen sollte. Sie hoffte sehr, daß sich die ganze Mühe auch wirklich lohnte. Abgesehen davon war bis hier alles recht glatt gelaufen.

Sie hatte sich zunächst vorgestellt, unter irgendeinem Vorwand bei ihm zu klingeln. Zum Beispiel, ob sie telefonieren dürfe oder ob er eine bestimmte Person, die in der Nachbarschaft wohnen müsse und die sie besuchen wolle, kenne. Dann war ihr aber diese andere Sache eingefallen. Das konnte vielleicht zu größerer Vertrautheit oder zumindest Nähe führen als belanglose Adreß- oder gar Uhrzeitfragen.

Sie betrachtete sich noch einmal abschließend in ihrem kleinen Taschenspiegel, zog die Lippen nach und preßte sie aufeinander. Mit anderen Bewohnern oder Besuchern ging sie hinein – der Concierge war auch hier mal wieder nicht zu sehen – und nahm einen der Fahrstühle: 26. Stock. Als sie vor der Türe mit seiner Nummer stand, Apartment 2627, ein Namensschild fehlte, aber das machten viele aus Sicherheitsgründen, und es erhöhte nur ihre Spannung, strich sie sich ein wenig Ketchup auf den Rücken ihrer linken Hand und drückte auf den runden Messingknopf.

Nach kurzer Zeit öffnete sich die Türe, und ein großer, gutaussehender, wenn auch bebrillter Mann in mittleren Jahren wurde sichtbar: dunkelblondes volles Haar, seitlich gescheitelt. Er sah sie halb freundlich, halb traurig an, aus dunklen Hundeaugen, umrahmt von einer honigfarbenen Hornbrille. Irgendwie wirkte er unamerikanisch, wenn nicht gar unpatriotisch. Es wunderte sie daher nicht, daß er keine Jeans, sondern eine braune Cordhose und einen sandfarbenen Rollkragenpullover trug. Außer Haus bevorzugte er wahrscheinlich eine Lumberjacke, zumindest in europäischen Filmen war das so, und sie hielt ihn sogleich für einen Pfeifenraucher. Die hatten oft ganz fürchterliche Zähne. Nun, man würde sehen. Er konnte unmöglich tätowiert sein, das war klar. Irgendwie ein etwas zu intellektueller, zu braver und damit doch ein wenig enttäuschender Typ. Männer mit Brille, das war immer so, als hätten sie bei Intimitäten noch irgendeinen Vorbehalt, müßten die Sache erst noch einmal bedenken oder gingen gar zu wissenschaftlich an das Ganze heran. Für ihre Kondome sah sie erst einmal schwarz. Da würde nur ein Wunder helfen.

Aber dieses Exemplar ›Mann‹ sollte ja doch beträchtliche versteckte Qualitäten besitzen. Dafür gab es schließlich eine Zeugin. Das hatte sie sogar schriftlich.

Jetzt aber stand er da mit einem offenen Buch in der Linken und sah sie etwas hilflos an. Sie hatten beide einige Momente geschwiegen, und er schwieg immer noch.

Dann sagte sie: »Hallo! Entschuldigen Sie die Störung. Ich habe mich verletzt.« Sie hob flüchtig die Ketchup-Hand. »Könnten Sie mir mit einem Pflaster aushelfen?«

Er wirkte irgendwie erleichtert, als er sagte: »Warten Sie einen Augenblick. Ich hole eins. Wie breit muß es denn sein?«

»Ach, das machen Sie schon richtig: vielleicht drei Finger breit.«

Er kam zurück, und sie nahm das Pflaster entgegen, drehte sich zur Seite, wischte mit einem Taschentuch die rote Sauce von ihrem Handrücken und klebte das Pflaster an deren Stelle. Dann wandte sie sich ihrem Retter zu, der dabei war, sich zurückzuziehen und die Türe hinter sich zu schließen, riß die Augen weit auf, im Versuch, sie zu verdrehen, schnappte vernehmlich nach Luft und ließ sich in gespielter Ohnmacht spiralförmig zu Boden gleiten.

Er sagte: »Oh Gott!« Dann blickte er im Flur nach rechts und dann nach links, schob seine Brille mit dem Zeigefinger fester auf die Nasenwurzel, bückte sich zögernd und versuchte, indem er von hinten unter ihre Arme griff, sie aufzurichten, dann aufzuheben, was beides nicht recht gelang, da er es vermied, sie dabei völlig zu umfassen. Schließlich zog er sie irgendwie in die Wohnung, wo er sie halbwegs auf eine braune Ledercouch legte. Als er ihre Beine anhob, bemerkte er, daß sie ohne Schuhe war. Er sah die roten Pumps auf bedenklich chaotische und irgendwie bloßstellende Weise im Flur liegen, holte sie eilends herein, wobei er wieder nach rechts und nach links schaute, und schloß die Türe hinter sich. Dann betrachtete er das Schuhwerk in seiner Hand, stellte es neben die Couch, blickte irritiert auf den mittlerweile höher gerutschten Rock der Ohnmächtigen, wandte sich ab, ging zum Schreibtisch und griff nach dem Hörer.

Da wurde sie mit einem Stöhnen sogleich wach und rief ihm mit gebrochener Stimme zu: »Nein, bitte nicht! Das ist nicht nötig. Es geht mir schon wieder besser.«

Er legte den Hörer auf, betrachtete sie besorgt. »Soll ich Ihnen eine Decke holen?«

»Ja bitte«, sagte sie, »das wäre ungeheuer nett.« Denn, wenn sie schon mit ihren wohlgeformten Beinen in dieser frühen Phase nichts erreichte, so bedeutete die Decke todsicher eine Verlängerung ihres Aufenthalts. Während er die Decke holte, vergrub sie vorsorglich einen ihrer Ohrclips in der Couch.

»Mir wird immer schlecht beim Anblick von Blut«, sagte sie, als er zurückkam, und sah sich im Raum um: An den Wänden viele Bücher, mehr als sie je gesehen hatte. Die konnte er nicht alle gelesen haben, und wenn doch, dann war das nicht gut, nicht gut für ihn und nicht gut für die anderen, die diese Bücher nicht gelesen hatten.

»Das kann ich verstehen. Das geht meiner Frau genauso«, sagte er.

»Was geht ihr genauso?«

»Daß sich beim Anblick von Blut eine leichte Übelkeit einstellt.«

»Ach so, ja, Entschuldigung! Ist sie hier? Soll ich aufstehen? Wollen Sie mich ihr vorstellen?«

»Bitte bleiben Sie unter allen Umständen liegen«, sagte er und zog einen Stuhl heran. »Ich kann sie nicht miteinander bekanntmachen. Sie ist gerade nicht anwesend. Glauben Sie, daß ein Kaffee jetzt das Richtige für Sie wäre, oder bevorzugen Sie einen Bourbon?«

»Letzteres sehr gern, der könnte meine Lebensgeister wieder in Schwung bringen.« Sie richtete sich auf der Couch auf, jedoch nicht allzu sehr. Sollte sie einen Rückfall einleiten? Nein, besser nicht. Damit kam sie auch nicht weiter, als sie jetzt schon gekommen war. Eigentlich lief es ganz gut. »Aber nur, wenn Sie mittrinken«, sagte sie und streckte – sich auf die Seite drehend – ein Knie unter der Decke hervor, das ihn vielleicht erreicht hätte, wenn er nicht gerade aufgestanden wäre, um ein Glas zu holen.

Er schenkte ihr einige enttäuschende Millimeter ein, reichte ihr das Glas, trat zurück und blieb dann hinter seinem Stuhl stehen. »Wenn meine Frau nicht da ist, trinke ich nicht.« Nach einer Weile fragte er: »Wohnen Sie jetzt auch auf dieser Etage? Man kann nicht alle Bewohner kennen.«

»Nein, noch nicht«, sagte sie unter Einsatz ihres schönsten Lächelns. »Nett, daß Sie fragen. Ich wollte mich zunächst nur einmal umsehen. Man sieht und hört ja vieles schon auf den Fluren. Und jetzt bin ich froh, auch einmal eine möblierte Wohnung richtig von innen zu sehen. Ich glaube, man hat einen schönen Blick aus den bodentiefen Fenstern.«

»Ja. Da haben Sie recht. Hier wird tatsächlich öfter etwas frei. Es kann sein, daß auch wir die Wohnung in nicht allzu ferner Zeit aufgeben.«

»Ach«, sagte sie, »wenn das so ist, dann würde ich die Wohnung vielleicht übernehmen.« Sie dachte nicht im Traum daran, aber es gab in jedem Fall die Möglichkeit zu weiteren Kontakten und Kontrollen.

»Fühlen Sie sich jetzt besser?« fragte er, als sie das Glas in einem Zug geleert hatte. »Ich möchte nicht unhöflich erscheinen, hätte aber noch das eine oder andere zu erledigen.«

Sie schlug die Decke zurück, so daß beide Beine über den kunstvoll verzierten Abschluß ihrer Strümpfe hinaus bis in die rosigen Bereiche ihrer Oberschenkel sichtbar wurden. »Haben Sie meine Pumps gesehen?«

Nach einem kurzen Zögern trat er auf die Couch zu, bückte sich, – *jetzt geschieht es, oh ja, tu es, nun tu es doch, mein Gott, sei nicht so zurückhaltend! Du kannst alles tun, was du willst, wenn du es nur willst!* – hob die Pumps mit spitzen Fingern auf und reichte sie ihr. Sie zog sie halb im Liegen auf der Couch an, was bei abwechselnd angezogenen, übereinandergeschlagenen und wieder ausgestreckten Beinen wenigstens noch Gelegenheit zu einer attraktiven Schlußdarstellung gab.

*

So war das also gewesen. Zugegeben: Von einem durchschlagenden Erfolg konnte man nicht sprechen. Aber schließlich hatte sie ihn kennengelernt und in weniger als drei Minuten nach dem Klingeln schon auf seiner Couch gelegen. Immerhin! Mit diesem Tempo konnte nicht jede Frau mithalten. Sicher, dieser Mann war schwer zu erobern. Soviel konnte man aber jetzt schon sagen: Wenn es ihr gelang, und das war vermutlich nur eine Frage von einigen Wochen, dann hatte sie ein besonders sensibles, angeblich potentes und vermutlich dauerhaft auf sie fixiertes Exemplar an der Hand, das sich überdies noch sauber und adrett hielt.

*

Eine Woche und eine weitere hielt sie es aus. Dann war auch das Kleiderproblem gelöst. Sie wollte es einmal auf natürlich und burschikos versuchen, mit blauen Jeans über einem String, dazu ein kariertes Hemd, dessen Enden sie vorne verknoten würde, und Mokassins. Ein blumiges Parfum gehörte dazu und etwas Rouge auf den Wangen, wie Äpfelchen. So hatte sie einmal Doris Day gesehen, oder war es jemand anders gewesen? Vielleicht stand er auf Retro? Und ihr frisches Outfit – war sie nicht richtig zum Anbeißen! – war ja auch irgendwie Bio. Das kam bei Intellektuellen gut an. Das wußte sie. So ausgestattet machte sie sich wieder auf den Weg.

Das Apartmenthaus, die Aufzüge, der Flur, seine Türe mit der Nummer 2627, alles war völlig unverändert, so als hätte sie den Schauplatz gerade erst verlassen. Ein Segen, daß sie die roten Pumps nicht anhatte, Gott sei Dank, und die Präservative hatte sie erst recht nicht dabei. So weit würde es, selbst bei optimistischster Betrachtung, auch heute nicht kommen. Und wenn doch: In jedem Fall würde sie sich und ihm zu helfen wissen. Nun gut, man konnte das Spiel auch langsam spielen. Das war vielleicht noch reizvoller. Sie entschärfte den einschneidenden String ein wenig und klingelte.

»Hallo, hallo, Mr. Harrington. Wie geht es? Sie entschuldigen die Störung? Sicher tun Sie das. Ein schöner Tag heute, nicht wahr? Diesmal bin ich nicht verletzt. Das wäre ja auch völlig unwahrscheinlich, oder? Ich wollte einmal fragen, wie es mit Ihren Plänen wegen der Wohnung steht. Sie hatten doch vor, Ihre Wohnung aufzugeben, oder nicht? Ich möchte sie mir schon sehr gerne noch einmal ansehen, und vielleicht auch etwas aufmessen, bevor ich mich entscheide.«

Sie sah ihn jetzt etwas deutlicher in der Brandung vor sich stehen. Er hatte schmale Lenden, und die schäumende Flut schoß durch seine gespreizten, überraschend muskulösen Beine auf sie zu.

»Gut, kommen Sie herein«, sagte er.

»Oh ja, danke, sehr gern. Was sagt denn Ihre Frau dazu?«

»Wozu?«

»Daß Sie die Wohnung aufgeben wollen.«

»Ach so, ja. Ich kann meine Frau damit zur Zeit nicht behelligen. Sie liegt im Krankenhaus, schon eine ganze Weile.«

»Das tut mir leid«, sagte sie und blickte sich im Raum um.

»Wollen Sie eventuell Platz nehmen?«

»Danke!« Sie setzte sich in einen der beiden Sessel, die an einem kleinen runden Tisch in einer Ecke neben dem Fenster standen. »Und wie geht es ihr?«

»Es geht ihr wohl nicht so gut.«

»Was hat sie denn? Sie hat doch hoffentlich keine Schmerzen?«

»Ich sehe sie nicht. Sie darf keinen Besuch empfangen.«

»Das ist ja schrecklich.«

»Indes, sie schreibt mir Briefe, und fast immer ist ein Gedicht dabei.«

Er nahm zögernd und ein wenig steif in dem anderen Sessel Platz, und sie legte teilnahmsvoll und so kameradschaftlich, wie Doris Day es getan hätte, ihre Hände auf seine Knie. Ob er es nicht bemerkte?

Mit beiden Händen fuhr sie hoch auf seinen von der Flut benetzten muskulösen, wie aus Granit gemeißelten Oberschenkeln.

»Das ist wunderbar, wirklich wunderbar«, sagte sie eindringlich und drückte seine Schenkel im Rhythmus der Silben. »Also, ich meine, daß Sie Ihnen schreibt. Und dann auch die Gedichte. Ich liebe Gedichte.«

Er ließ sich jetzt in der Brandung zu ihr nieder. Sie spürte seinen festen Körper, das harte Relief seiner Bauch- und Brustmuskulatur.

»Tatsächlich? Das freut mich«, sagte er, stand auf, als sie ihre Hände wieder bewegte, und ging zum Fenster.

Die Flut begann, sich zur Ebbe zu wandeln, und die glitzernde Gestalt entschwand in der blutroten Abendsonne.

»So eine Treue findet man selten«, hörte sie sich gegen

ihren Willen sagen und versuchte, den Knoten ihrer Hemdspitzen zu lösen. »Ich lebe auch allein. Das ist nicht so einfach. Also ich meine, Sie leben jetzt ja praktisch auch allein, da könnte man –.«

»Nein«, sagte er leise, aber bestimmt, »Körper und Raum und Zeit sollten keine Rolle spielen.«

Sie stand auf: »Oh doch«, sagt sie, »das finde ich schon«, und stellte sich neben ihn ans Fenster. Eine Weile sagte sie nichts und versuchte, allein durch ihre Nähe zu wirken. Das war ihr gelegentlich recht gut gelungen. Schließlich hauchte sie: »Der Ausblick ist ja wirklich fantastisch« und rückte ihm so nahe, daß ihr Busen sich nachdrücklich an seinen Arm anlagerte.

Mit der neuen Flut war er aus der untergehenden Sonne zurückgekehrt. Sie standen jetzt beide entblößt in der schäumenden Brandung. Er hielt sie mit seinen Armen fest und sicher umschlungen, und sie spürte seine ungewöhnliche männliche Stärke.

»Ich muß mich jetzt um meine Pflanzen kümmern«, sagte er und wandte sich ab.

Er müßte psychiatrisch behandelt werden, dachte sie. Was hatte er gesagt? »Körper und Raum und Zeit spielen keine Rolle«. Wo hatte man so etwas schon gehört! Raum und Zeit waren ihr schließlich egal, aber Körper? Ihr Körper und sein Körper spielten eine alles entscheidende Rolle! Sie wußte nicht, ob sie sich darüber ärgern sollte Dieser Mann war ja wirklich schwer verführbar, eine echte Herausforderung.

Irgendwann, als er fragte »Sind Sie mit Ihrem Wagen da, oder soll ich Ihnen eine Taxe bestellen?«, verabschiedete sie sich ein wenig verstimmt.

Sie hatte zu viel investiert, um diesen Mann schon so schnell fallen zu lassen. Worum ging es ihr denn? Um Liebe? Das war eine höchst seltene, unbegreifliche Sache, die sich vielleicht irgendeinmal ereignete, oder nie. Das hatte sie auch nicht erwartet, weder von ihm, noch von sich selbst. War es der Reiz, ihn einer anderen Frau auszuspannen? Das vielleicht ein wenig. Vor allem aber ging es doch darum, die großartigen Mittel ihres Körpers einzusetzen, die Wirkung dieser ureigensten Waffen zu sehen. Das würde ihr schon noch gelingen. Ja, und dann war es auch die Verlockung, ein geheimes Spiel zu spielen, bei dem sie die Überlegene war, die alles, fast alles, auf alle Fälle mehr als er, wußte. Es war jedenfalls etwas, das sie erregte, und das sie beeinflussen konnte. Das war heutzutage schon eine ganze Menge. Das gab es nicht im Fernsehen, und das gab es auch nirgends zu kaufen. Wem, außer vielleicht einem dieser Seelenklempner, gelang es denn schon, so wie ihr, in die Menschen und in die Beziehungen der Menschen untereinander hineinzuschauen und sogar in diese Beziehungen hineinzuwirken. Ein Vorteil dabei war noch, daß ihre Patienten völlig nichtsahnend waren. Das war eigentlich das Allerbeste daran.

Am Abend war ihr nicht nach einem Bad zumute. Aber doch nach Rotwein, und dunkle Schokolade nahm sie noch dazu. Schokolade hatte etwas ungeheuer Tröstendes an sich. Zum Glück brauchte sie das nur ganz selten, heute aber reichlich. Ansonsten hatte ihre Figur absoluten Vorrang.

Aber woher kamen diese Briefe? Wer war die Absenderin? Diese Frage stellte sich noch immer. Die Briefe konnten schwerlich von seiner Frau stammen. Eine Frau, die man nicht sehen, nicht besuchen durfte, konnte ja wohl keine Briefe schreiben, existierte vielleicht gar nicht, zumindest nicht als seine Frau. In welchem Krankenhaus befand sie sich denn schon seit Monaten, wie man annehmen mußte?

Es war sicher eine verrückte Idee. Was aber, wenn die Briefe gar nicht für ihn bestimmt waren? Vielleicht, nein ganz gewiß gab es in der Stadt noch den einen oder anderen George Harrington, überhaupt ein nicht ganz unbekannter, jedenfalls nicht ungewöhnlicher Name. Das würde sie im Telefonbuch überprüfen. Wie oft hatte sie Adressenverwechslungen in ihrer Posttasche, davon wußte sie durch ihre zustellenden Kollegen. Einen Namen wie George Harrington hatte sicher jeder schon einmal gehört. Aber wie konnte er dann annehmen oder vorgeben, die Schreiberin sei seine Frau?

Oder war es vielleicht eine nahe Angehörige dieser Claire, die in der Nähe des Postkastens wohnte und nach Besuchen im Krankenhaus oder Gefängnis die Briefe mitnahm, um sie hier einzuwerfen. Kein Wunder, daß bei einem Gefängnisaufenthalt eine Absenderangabe fehlte. Oder aber es war noch ganz anders, und die Briefschreiberin war eine Person, die zwar in der Nähe wohnte, aber anonym bleiben wollte: eine Tochter oder Schwiegertochter, die es gut mit ihm meinte. Irgendeiner, der sich für einen Witzbold hielt, ein Kollege vielleicht, der ihm einen Streich spielte, ihm schaden wollte. Aber der würde kaum ein Gedicht beilegen. Eine Kollegin, die in ihn verliebt war, das paßte noch am ehesten. Heutzutage war alles möglich. Auch das würde sie noch herausfinden.

Von welchem Postkasten die Briefe stammten, wußte sie dank der Einteilungen in ihrer Plastikwanne schon längst. Sie könnte sich neben diesen Kasten stellen und abwarten, bis eine Frau kam und einen solchen violetten Briefumschlag einwarf. Ja, das würde sie tun.

Es gelang ihr, und das war kein geringes Opfer, kurzfristig die Hälfte ihres vierzehntägigen Jahresurlaubs zu bekommen. Am Morgen packte sie einige Sandwiches ein und stellte sich neben den Einwurfkasten 73./Ecke 34. Straße. Nur wenn ihre vertretende Kollegin mit dem Postauto zum Leeren kam, versteckte sie sich kurz hinter einem Obst- und Getränkestand. Mehrmals holte sie sich im gegenüberliegenden Starbucks einen mittleren Kaffee to go. Es nieselte, und sie hatte keinen Schirm dabei. Das konnte sie keinesfalls noch ein paar Tage durchhalten. Ihre Frisur war jetzt schon völlig ruiniert.

Am nächsten Tag setzte sie sich gleich in den Coffeeshop, von wo aus man auch einen leidlich guten Blick auf den Postkasten hatte. Das stundenlange Starren strengte allerdings unheimlich an. Gelegentlich schloß sie für kurze Zeit die Augen oder schaute in ein Magazin, das jemand liegengelassen hatte.

Am dritten Tag, es war um die Mittagszeit, und sie versuchte gerade, die klemmende Plastikabdeckung von ihrem Cesar Salad abzuheben, den sie sich außer einer großen Diet Coke an der Theke geholt hatte, da geschah etwas, womit sie im Leben nicht gerechnet hätte: George Harrington, in einer moosfarbenen Lumberjacke – sie hatte es doch gewußt! – trat auf der anderen Straßenseite aus dem gleich neben dem Postkasten liegenden Bookstore, den sie bisher nie so recht wahrgenommen hatte, näherte sich dem Postkasten und warf, wobei er ihr, Gott sei Dank, den Rücken zuwandte, einen oder mehrere Briefe ein. Das mußte nichts zu bedeuten haben. Aber wenn doch?

Schmerzlich wurde ihr klar, daß sie weder ihren Postbeutel noch ihr Postauto dabeihatte. Das war der Haken beim Observieren. Freilich, den Spezialschlüssel zum Öffnen des Kastens gab sie nie ab. Aber sollte sie das riskieren, ohne ihre Uniform? Stets stand irgendwo eine dieser feisten Figuren vom Police Department herum.

Sie überlegte hin und her, wie sie an Georges Brief oder Briefe kommen konnte. Mit ihrer Urlaubsvertretung sprechen? Ihr die Sendungen beim Leeren des Kastens abschwatzen? Unmöglich! In der Zentrale aussortieren? Noch unmöglicher! Nein, dieser Brief, oder was auch immer, war für sie verloren. Sie mußte sich schon damit zufriedengeben, was Claire oder die Person, die sich für sie ausgab, ihm schrieb. Was er jetzt gerade darauf antwortete, wie sehr er diese Frau liebte, oder ob er gar dieses Verhältnis beendet hatte oder beenden wollte, nichts davon würde sie je erfahren, jedenfalls nicht auf diese Weise.

Immerhin: Es war wie eine Telenovela, aber eine, in der sie als Hauptperson mitspielte und an der sie sogar maßgeblich mitschrieb, obgleich man natürlich nicht genau vorhersehen konnte, wie die anderen Personen sich verhielten. Da gab es nur Erwartungen mit großen oder geringen Wahrscheinlichkeiten und außer Erfolgen auch Rückschläge. Aber das waren zugleich Überraschungen, und die waren eben das Spannende daran.

Das Wetter hatte sich gebessert, und damit waren auch die Gefahren für ihre Frisur geschwunden. So verbrachte sie also doch noch den Rest ihres halben Jahresurlaubs in der Nähe des Postkastens, denn sie hatte die Hoffnung nicht aufgegeben, dort dieser oder jener Claire oder einer, die sich für diese Claire ausgab, zu begegnen, jedenfalls einer, die einen violetten Brief einwarf, obgleich sie den Brief nicht würde ergattern können. Aber, und das wäre schon ein

Erfolg, sie würde die Frau oder auch nur deren Beauftragte sehen und ihr vielleicht bis zu ihrer Wohnung folgen und sie sogar äußersten Falls ansprechen können. Doch eine Frau mit violettem Kuvert kam und kam nicht. An dieser Stelle ging die Geschichte also jetzt nicht weiter. Da reichte auch ihr überlegenes Wissen nicht aus.

*

Natürlich war es irgendwie peinlich, auch aufdringlich, aber sie konnte sich solche Gefühle nicht leisten. Nach ein paar Tagen rief sie wieder eine Taxe. Sie hatte sich sorgfältig vorbereitet – das Doris Day-Outfit war ja erstaunlich wirkungslos geblieben –, diesmal mit einem förmlichen schwarzen Kostüm, das sein Raffinement jedoch nicht so sehr durch die Kürze des Rocks als vielmehr durch den Verzicht auf eine Bluse erhielt. Ihrem Busen hatte sie durch einen Push up eine verschwenderische, hoch schwebende Reife verliehen. In einem christlichen Single-Ratgeber, der bei ihrem Friseur auslag, stand geschrieben, solche Gegensätze von Strenge und Weichheit, von Distanz und Nähe, von Kühle und Wärme hätten, gerade auf intellektuelle Männer, eine erheblich größere Wirkung als ›plumpe, geistlose Nacktheit‹. Sie hatte ein Paar schwarze Pumps gewählt – ohne die konnte man kein solches Kostüm tragen –, aber lange Zeit gezögert, ob sie dazu schwarze oder keine Strümpfe tragen sollte. Die strumpflose Nacktheit des Beins harmonierte zwar vollkommen mit ihrem Dekolleté und legte damit den Gedanken an eine sich unmittelbar unter dem Kostüm fortsetzende völlige Nacktheit nahe, aber Strümpfe hatten neben ihrer straffenden Wirkung den unbestreitbaren Vorteil, daß man sie höchst wirkungsvoll ausziehen oder sich ausziehen lassen konnte. Das gab schließlich den Ausschlag.

Es war in den frühen Abendstunden, als sie in die Taxe stieg. Tatsächlich, es würde schon ihr dritter Besuch sein. Im Aufzug des Apartmenthauses war sie nicht allein, aber auf dem Flur vor seiner Türe öffnete sie einen weiteren Knopf der Kostümjacke, verbesserte noch einmal behende links/rechts den Sitz der gefütterten Cups und klingelte.

Er sah sie erstaunt, wenn auch nicht besonders interessiert an. Sie entschuldigte sich sogleich, wobei sie sich weit vorbeugte, um einen Faden von ihrem Rocksaum zu entfernen. Ob es sein könne, daß sie bei einem ihrer früheren Besuche hier einen Ohrclip verloren habe, einen roten, so wie ihre Schuhe damals, vielleicht bei ihrer Rettung, als er sie ohnmächtig in die Wohnung gebracht hatte oder später auf der Couch?

»Ja, das könnte natürlich sein«, sagte er einigermaßen teilnahmslos. Er jedenfalls habe keinen gefunden.

Ob sie denn danach suchen dürfe.

»Natürlich«, sagte er und gab zögernd den Eingang frei.

Drinnen ließ sie sich sogleich auf die Knie nieder, wobei ihr enger Rock schlagartig nach oben zu einem Nichts zusammenfuhr und beugte sich gerade so weit vor, daß er ihren ansprechenden Busen rundum sehen konnte, nein, unfehlbar mußte. Das war er ihr schuldig.

Sie kniete vor ihm in der Brandung, seine starken, fordernden Hände lagen auf ihrem Kopf. Sie war ja so bereit.

Und es gab auch ausreichend Gelegenheit, ihr wohlgestaltetes Gesäß emporzurecken, als sie an verschiedenen Stellen mit abgewinkeltem Kopf unter die Couch blickte.

Der Sand war noch warm in der Abenddämmerung. Er lag

jetzt lang ausgestreckt auf dem Strand, und sie beugte sich zu ihm nieder. Sein herrlicher muskulöser Körper trug an herausragender Stelle noch einige funkelnde Wassertropfen, die sie gefühlvoll mit ihrem Zeigefinger abstreifte.

»Haben sie den Clip gefunden?« fragte er vom Fenster aus.

Nun, er hatte recht. Das konnte nicht endlos so weitergehen, und sie fand den Clip dann ziemlich schnell in der Ritze der Couch, in die sie ihn damals gesteckt hatte. »Das ist aber ein Glück«, strahlte sie keuchend. »Es ist ein Erbstück.«

»So, so«, sagte er. »Das freut mich für sie.«

Bei der Suche geholfen hatte er nicht.

Ob er sich schon entschieden habe wegen der Wohnung, vielleicht sogar mit seiner Frau gesprochen habe. Oder ob seine Frau noch im Krankenhaus liege, und ob er denn gute Nachrichten habe.

»Ja, sie hat geschrieben. Sie hat mir immer geschrieben, wenn sie nicht bei mir war, und Gedichte hat sie beigelegt. Ich habe alle Briefe gesammelt.«

Nach einigem Zögern wies er auf einen Brief, der auf dem Schreibtisch lag, ein neuer Brief, den er vor einer Woche erhalten habe.

Das war in ihrer Urlaubszeit. Sie hatte also trotz ihres enormen Einsatzes diese Claire oder deren Helferin übersehen oder verpaßt. So wie sie auch George erst beim Verlassen, nicht aber schon beim Betreten des Bookstores bemerkt hatte. Aber vielleicht war der schon früher als sie auf den Beinen gewesen. Es ärgerte sie, daß sie solche Fehler machte. Das war unnötig.

Sie hatte den Eindruck, daß er mit den Tränen kämpfte. Er ging in ein Nebenzimmer, und sie griff nach dem Brief.

Liebster George,

ich weiß nicht, ob ich dies alles überstehe. Mein Zustand hat sich nicht gebessert. Gleichwohl sagt man, es bestehe kein Anlaß zu größerer Sorge.

Ein Gedicht habe ich diesmal nicht. Mir fehlt einfach die Kraft dazu. Vielleicht ist dies mein letzter Brief.

Das klang nicht gut, irgendwie nach Ende, nach Resignation klang es. Diese Frau lag vielleicht im Sterben. Sogar ein Gruß und die Unterschrift fehlten.

Er tat ihr leid. Sie muß ihn von dieser Claire, zumindest künftig von der Erinnerung an sie, befreien oder erlösen, was war das richtige Wort? Und ein passendes Gedicht, vielleicht sogar mit Reimen, würde sie auch noch finden, wenn ihm daran so sehr lag, bitte schön!

Sie legte den Brief schnell wieder an Ort und Stelle, und als er zurückkam, sagte sie: »Sie sollten öfter nach draußen und sich hier nicht so vergraben. Was macht denn Ihre Arbeit?«

Er sagte, er arbeite zuhause, aber nur noch selten.

»Was halten Sie davon, wenn wir hier in der Nähe oder wo Sie wollen, einmal zusammen essen gehen? Dann könnten wir auch in Ruhe über die Wohnung reden, vielleicht schon heute Abend. Ja, wie wäre es mit heute Abend?«

»Ich weiß nicht«, sagte er. »Ich muß mich noch auf manches vorbereiten, habe noch so viel zu erledigen, kann nicht alles so liegen lassen. Wenn ich fortgehe, sollte alles geordnet sein. Seitdem meine Frau im Krankenhaus liegt, habe ich keinen Appetit mehr. Darf ich Ihnen eine Taxe bestellen?«

*

Sie brauchte jetzt dringend ein Gedicht. Aber dieses Gedicht mußte gleich mehrere Aufgaben erfüllen. Es mußte ihm über den Verlust oder den zu erwartenden Verlust hinweghelfen, ihn trösten, mußte ihn zu ihr hinwenden, mußte sie beide als Liebende oder ähnlich irgendwie zusammenführen. Das war viel verlangt. Ob es überhaupt solche Gedichte gab?

Sie ging zu dem Bookstore auf der 74. Straße, aus dem George kürzlich herausgekommen war. Der müßte richtig sein, und einen anderen kannte sie sowieso nicht.

Eine zunächst sehr reservierte ältere Buchhändlerin, die dann aber doch noch freundlich wurde, als sie ihr das Gesuchte schilderte, sagte, nachdem sie mehrfach in eines der Bücherregale gegriffen hatte: »Da kommt vielleicht nur dieses hier in Frage, obwohl, ich weiß nicht – .« Sie zögerte. Dann zeigte sie ihr ein Buch mit Versen. »Seite zweiundvierzig«, sagte sie noch.

Sie schrieb sich das Gedicht in Eile ab. Ideal war es nicht. Das Beste daran war noch, daß es den Leser in der Du-Form ansprach, hier konnte George seine Claire direkt von Mund zu Ohr hören. Es war so, als spräche Claire direkt zu ihm. Sie war es, die ihm eine bestimmte Empfehlung gab.

Ein guter Zufall, daß man im Bookstore auch Schreibwaren hatte. Es war sicher schwierig, wenn nicht gar unmöglich, ein violettes Kuvert, zumal in der von Claire benutzten Größe zu finden. Sie fragte die freundliche Buchhändlerin danach, und diese sah sie bedeutungsvoll an, sagte aber nur, das täte ihr leid, sie hätten nur ein einziges Päckchen davon gehabt. Doch ein einzelnes Kuvert, ein älteres, etwas angeschmutztes Musterexemplar, habe sie noch. Wenn ihr das genüge.

Sie nahm es erleichtert entgegen. Ohne dieses Kuvert wäre sie nicht weitergekommen.

*

Schon an mehreren Abenden hatte sie anhand der Fotokopien Claires Schrift eingeübt. Sie war überhaupt ein wenig eingerostet mit dem Schreiben und hoffte, keine Fehler zu machen, die Georges Mißtrauen erregen konnten. Selbst einen Füllfederhalter, den ersten in ihrem Leben, hatte sie gekauft und farblich passende Tinte, um den Brief ganz echt schreiben zu können. Mit dem Text war sie schließlich sehr zufrieden. Er klang ganz deutlich nach Claire.

Dieser Brief sollte nun aber nicht zu früh eintreffen. Es waren ja Claires letzte Tage, falls zutraf, was George sagte. Aber Claires traurigen Brief hatte sie ja selbst gelesen.

Sie wartete noch eine Woche, dann gab sie den Brief an ihn in den Postkasten, nebst Gedicht. Nun gut, wenn diese Claire noch einige Zeit am Leben bliebe und er erführe, daß der Brief gar nicht von seiner Claire sein konnte, sondern von irgend jemand anderem, dann war das auch keine totale Katastrophe. Ein Teil des Plans war dann zwar fehlgeschlagen, was sie sehr bedauern würde. Aber sie selbst war nicht ›verbrannt‹, wie sie aus Agentenfilmen wußte, denn ihr Name war ja nirgendwo in Erscheinung getreten. Und überdies: Wie er gesagt hatte, durfte er diese Claire ja nicht einmal sehen, da war es kaum denkbar, daß der Plan fehlschlug.

Ihr Brief lautete:

Liebster George,

sei nicht verzweifelt. Solltest Du einmal eine Frau finden, von der Du meinst, daß sie Dich von Herzen liebt, dann solltest Du nicht zögern, Dich mit ihr zu verbinden. Vielleicht ist Dir diese attraktive Frau schon über den Weg gelaufen, und Du hast es nicht bemerkt.

Ich habe lange nach einem Gedicht, einem allerletzten Gedicht, gesucht, das Dir Trost und ein neues, freies Leben schenken soll:

> Später einmal, vielleicht
>
> Auch wenn ich einmal nicht mehr bin,
> wirst Du
> meine Blicke,
> meine Hände,
> meine Nähe spüren noch lange Zeit.
>
> Auch wenn ich einmal nicht mehr bin,
> werde ich
> Dir vor Augen stehen,
> neben Dir gehen,
> bei Dir liegen noch eine Zeit.
>
> Doch verlier keine Zeit,
> wenn ich
> Dir im Wege steh',
> in Deinen Träumen bin,
> Dich mein Schatten bedrückt!

> Verlier kein Wort,
> schick mich fort,
> schließ mich aus,
> atme auf,
> lebe auf!
>
> Später einmal, vielleicht,
> wenn Du es willst,
> kommen wir zusammen wieder,
> andernorts
> und für alle Zeit.

Die Wirkung dieses Briefes und des beiliegenden Gedichts würde nicht ausbleiben. Es war ihr zwar insgesamt zu traurig, aber wer schreibt einem solche Texte schon völlig passend auf den Leib oder, besser gesagt, auf die Situation! Und Reime hatte es auch so gut wie keine. Diese Kunst beherrschte wohl niemand mehr richtig.

Ein paar Tage würde sie noch warten, um ihn dann zu besuchen. Da er wohl ansonsten keinen Kontakt zu Frauen hatte, mußte der Hinweis des Briefes auf diese andere, attraktive Frau unbedingt auf sie hindeuten, da bestand kein Zweifel. Das würde ihm schon klar werden. Noch unklar war, wie er sich im Laufe der Zeit zu ihr stellen würde. Es mußte ja nicht die ganz große Liebe werden und auch nicht von heute auf morgen und auch nicht ›für alle Zeit‹, wie in diesem Gedicht stand, und weshalb ›andernorts‹? Nun gut, im Urlaub vielleicht, aber wo sonst?

Immerhin, er sah gut aus, war gepflegt und sensibel, das hatte sie schon bei ihrem ersten Besuch erkannt – dafür hat man als Frau einen Blick –, er war auch rücksichtsvoll, geduldig und anhänglich, nicht gewalttätig, obwohl, ein klein wenig würde vielleicht nicht schaden. Jedenfalls konnte man sich mit ihm sehen lassen. Kein Vergleich mit den einfallslosen, unfähigen oder gar ungepflegten Kurzbeziehungen, auf die sie sich gelegentlich eingelassen hatte, und von denen man, bei allem Nervenkitzel, nie wußte, ob man sie körperlich unversehrt oder unausgeraubt überstand. Es gab auch Kerle, die man nur unter größten Anstrengungen wieder aus der Wohnung herausbekam.

Allerdings, und da machte sie sich nichts vor, bestand die Gefahr, daß er noch weitere Briefe von dieser Claire oder von wem auch immer erhielt, denn wer Briefe schrieb, konnte nicht tot sein, und wer nicht tot war, konnte weitere Briefe schreiben. Aber das hatte sie ja letztlich in der Hand. Sie würde einfach alles abfangen, was sich ihm postalisch noch nähern könnte. Natürlich würde sie es lesen, schon um den Überblick zu behalten und um Schaden von ihm abzuwenden, bis er diese Claire, die ja ziemlich sicher auf ihrem Sterbebett lag, aus dem Kopf hatte.

*

Zu ihrem Entsetzen war schon nach einer Woche wieder ein Brief dabei, der ihr sofort auffiel, nicht allein, weil er violett war. Nein, einen wie diesen hatte sie noch nie in einem ihrer Kästen gehabt all die Jahre hindurch. Die Vorderseite des violetten Kuverts war völlig leer, keine Anschrift, kein Postwertzeichen, rein gar nichts: Der war ja überhaupt nicht zustellbar. Im Grunde war es ohne Empfänger gar kein richtiger Brief. Das mußte einmal als Erstes festgestellt werden.

Doch auf der Rückseite, da stand er: sein Name, diesmal als Absender.

Sie wartete nicht, bis sie in der Garage war, sondern öffnete den Brief bereits im Auto. An wen würde er gerichtet sein? Das Kuvert zerriß, das war ihr auch noch nicht passiert, aber in diesem Augenblick gleichgültig.

Liebste Claire,

von Herzen Dank für all die lieben Briefe und Gedichte, die Du mir hast zukommen lassen. Es war mir so, als kennte ich jeden einzelnen dieser Briefe schon im voraus. Völlig überraschend war jedoch der letzte.

Dieser Brief war ganz neu für mich, so entschieden im Ton, so endgültig. Du hast mich damit zunächst sehr verwirrt. Niemals hat mich Dein Schatten bedrückt. Nie hast Du mir im Weg gestanden, denn wir sind alle Wege gemeinsam gegangen. Niemals könnte ich eine andere lieben.

Durch diesen Brief und das Gedicht, seinen Schluß zumal, habe ich aber den Beweis, daß Du diese weite und zugleich kurze Reise angetreten hast, an deren Ziel Du auf mich wartest.

Du weißt, daß ich dieses Gedicht immer mit sehr gemischten Gefühlen betrachtet habe. Daß Du es mir jetzt in dieser Situation wieder vor Augen stellst, zeigt mir, wie nah wir uns stehen, wie gleich wir in unserem Denken und Fühlen sind: Du willst mich freigeben, willst auf mich verzichten, so wie ich es für Dich vorgesehen hatte.

Im Krankenhaus wußte man nichts von Dir, sooft ich auch nach Dir gefragt habe. Auch daran erkenne ich jetzt: Du bist vorangegangen.

Mein Brief wird Dich gewiß irgendwie erreichen. So wie ich. Ich werde zu Dir kommen, schon sehr bald. Unser Wiedersehen wird wunderbar und ohne Ende sein.
Dein George

Dieser George Harrington war verwirrt oder zumindest vergeßlich. Das war ganz klar. Einen Brief ohne Empfänger abzuschicken, war nicht normal. Den behielt sie ganz legal, zumindest halb legal, denn er hätte an den Absender zurückgehen müssen.

In den nächsten Tagen wartete sie noch auf einen Brief an ihn, doch es kam keiner mehr. Was war mit dieser Claire? War sie tatsächlich gestorben, oder hatte sie das Schreiben aufgegeben?

Mit ihrem eigenen Brief war sie nun nicht mehr zufrieden. Er hatte bei weitem nicht die Wirkung hervorgebracht, die sie sich erhofft hatte. Der Mann hing an seiner Claire mit einer Ausdauer, die man nicht mehr begreifen konnte. Das ging ja über menschliches Maß hinaus.

Sie wird diesem Irregeleiteten noch einmal schreiben, wird noch einen allerletzten Versuch machen. Schließlich ist es ihre Geschichte, eine Geschichte aus ihrem Postsack sozusagen. Da ist viel Eigenes dabei. Das läßt man nicht einfach mittendrin liegen. So etwas neu aufzubauen, würde viel Zeit und Kraft in Anspruch nehmen.

Sie wird im Bookstore noch einmal nach violetten Kuverts fragen. Vielleicht sind neue eingetroffen. Ohne diese Kuverts geht es noch immer nicht. Als Claire muß sie ihn von dieser Claire abbringen. Allerdings sollte sie jetzt wohl sehr deutlich werden, und zwar ohne jedes Gedicht. Die ganze Reimerei nutzte im wirklichen Leben nichts. Das war ein Irrweg gewesen.

*

Die ältere Buchhändlerin erkannte sie sogleich wieder und grüßte freundlich. Auf die Frage nach violetten Kuverts wurde die Angestellte jedoch blaß. »Das ist seltsam, daß Sie gerade heute wieder danach fragen. Er wird heute beerdigt.«

»Wer wird beerdigt?«

»Nun, haben Sie nicht gelesen? George Harrington. Das ist ein Verlust. Sie haben doch sicher schon von ihm gehört. Sie müssen von ihm gehört haben.«

»Nein, leider nicht.« War das nun gelogen? dachte sie.

»Vor einigen Wochen habe ich ihm das einzige Päckchen mit violetten Kuverts verkauft, das wir hatten«, fuhr die Buchhändlerin bekümmert fort, »nein, geschenkt habe ich es ihm natürlich. Er schrieb gelegentlich auch einen Brief hier, denn er fand es praktisch, ihn gleich vor der Türe einwerfen zu können, und nun fragen Sie ausgerechnet heute am Tag seiner Beisetzung nach diesen ungewöhnlichen Kuverts.

Hinten in der Ecke, wo das Tischchen mit den zwei Sesseln steht, saß er manchmal. Dort haben wir auch für die nächsten Tage ein Foto von ihm mit Trauerschleife hingestellt. Kommen Sie, sehen Sie einmal: Diesen melancholischen Blick hatte er in der letzten Zeit immer, jedenfalls seit dem Tod seiner Frau. Wir haben ihm häufig einen Kaffee aus dem Coffeeshop gegenüber geholt. Viel mehr konnten wir nicht für ihn tun. Der Tod seiner Frau, vor etwa einem Jahr, hat ihn sehr mitgenommen. Seitdem wirkte er hin und wieder sogar etwas verwirrt. Dann glaubte er, sie lebe noch. Stellen Sie sich vor: Selbst noch nach ihrem Tod hat er sich manchmal darüber beklagt, sie im Krankenhaus nicht besuchen zu dürfen. ›Ich werde dort immer abgewiesen‹, sagte er.

Ich hoffe, davon gelangt nichts in die offiziellen Nachrufe, zumal sein plötzlicher Tod ja einige Fragen offenläßt. Also, ich bin fest davon überzeugt, daß er –, aber darüber schweige ich wohl besser.

Sie sind doch die Dame, der ich vor kurzem das violette Musterexemplar überlassen habe, ja, und erst das Gedicht. Sollte es nicht tröstend sein und eine Aussicht für die Zukunft bieten, gar Liebende zusammenführen? So ähnlich hatten Sie es sich gewünscht. Das weiß ich noch wie heute.«

»Ja, das stimmt. ›Liebende zusammenführen‹, das habe ich wohl gesagt. Sie besitzen ein erstaunliches Gedächtnis.«

»Nun, so etwas behält man, einen solchen Satz! Ich fand, dies war eine wunderbare Idee. Ich höre mich noch sagen: ›Seite zweiundvierzig‹. Erinnern Sie sich? Das ist doch geradezu unheimlich oder schicksalhaft, ausgerechnet dieses Gedicht. Nun, er schrieb ja hauptsächlich Gedichte, nicht wenige davon hier in unserem Bookstore, und das Gedicht, das ich Ihnen nannte, ist eines seiner bekanntesten. Erinnern Sie sich noch? Es beginnt ›Auch wenn ich einmal nicht mehr bin‹. Hat es denn seinen Zweck erfüllt? Hat es geholfen, Trost gespendet, Liebende zusammengeführt? Das hätte ihn gefreut.«

Die Postbotin zog den Brief hervor, den einzigen, den sie, nein Claire, oder doch sie als Claire, von ihm erhalten hatte. Es war ihr gar nicht aufgefallen, weil es so normal, so wie immer aussah. Jetzt sah sie es: Es war dieselbe Handschrift, die sie schon von den Briefen Claires kannte. Aber wenn

Claire tot war, und daran gab es ja keinen Zweifel, dann mußte, mußte ja er selbst sich – oh Gott, und die Gedichte waren auch alle –. »Was haben Sie gesagt?« fragte sie die Buchhändlerin.

»Ob das Gedicht Liebende zusammengeführt hat, habe ich gefragt. Aber ich möchte natürlich nicht aufdringlich erscheinen.«

»Das hat es leider nicht. Oder vielleicht doch? Ach ja, in gewisser Weise hat es dies wohl getan, Liebende zusammengeführt. Ja, ich glaube, das kann man sagen, letztlich.«

Daß wir tot sind, steht noch gar nicht fest

– Erste Szene –

»Was glaubst du, wann wir alt sein werden?«
»Wir sind leider schon jetzt nicht mehr die Jüngsten. Du weißt, einige unserer Körperteile wurden bereits aufwendig überholt oder gänzlich erneuert. Wenn ich zum Beispiel an meine Beißwerkzeuge denke oder an deine Hüfte und erst einmal an deine …«
»Nun laß das doch! Das brauchst du mir nicht vor Augen zu führen. Ich meine, wann werden wir so richtig alt sein?«
»Wenn wir uns nicht mehr bewegen können, würde ich sagen. Körperlich fortbewegen, meine ich natürlich.«
»Hierher können wir auch noch kommen, wenn wir alt sind.«
»Das hoffe ich doch. Wieso meinst du?«
»Nun, das Klima ist hier im Winter angenehmer als bei uns zuhause im Sommer. Die frische Seeluft tut uns gut, und die Promenade hier am Meer entlang ist breit und eben.«
»Freilich ist sie das. Weshalb hebst du das hervor? Hat das eine besondere Bedeutung?«
»Oh ja, das ist ganz wichtig für das Rollen beziehungsweise Schieben.«
»Hast du gesagt ›Schieben‹?«
»Ja, allerdings, ›Schieben‹. Einer könnte den Anderen schieben.«
»Das ist nicht dein Ernst. Du denkst doch nicht etwa an einen Rollstuhl?«
»Wieso denn nicht, der Fall könnte eintreten, und worin willst du mich sonst schieben?«

»Ich habe fast den Eindruck, daß dir diese Vorstellung nicht ganz unlieb ist.«

»Wie kannst du so etwas sagen! Nein, natürlich nicht. Aber es könnten doch Probleme auftreten, zum Beispiel mit der Hüfte. Heute ist doch fast jeder an der Hüfte operiert oder spielt mit dem Gedanken.«

»Mit solchen Gedanken spielt man nicht.«

»Du weißt doch, wie ich das meine. Das hört man immer wieder. Oder ein Beckenbruch nach einem Sturz. Oder die Kniegelenke machen nicht mehr mit. Was glaubst du, wieviele Kniegelenke weltweit schon operiert worden sind, und man hat ja auch zwei davon.«

»Ja, auch zwei Hüften. Jetzt reicht es aber! Glaubst du nicht, daß das noch Zeit hat?«

»So etwas kommt früher, als man denkt.«

»Vielleicht, weil man ständig daran denkt.«

»Das ist doch die Höhe! Das kannst du mir nicht vorwerfen. Ich wollte doch nur, daß wir auch für das Alter noch eine schöne Urlaubsaussicht haben.«

»Ja, einfach wunderbar!«

»Deine Ironie bringt uns nicht weiter. Also, ich will es gleich sagen: Wegen meiner schlechteren Knochendichte werde ich es wohl sein, die eines Tages geschoben wird.«

»Das glaube ich nicht: Männer sterben im Durchschnitt mindestens sechs, wenn nicht gar sieben Jahre früher als Frauen. Da werde ich dir wohl auch im Rollstuhl zuvorkommen.«

»Das mit dem Alter ist doch nur ein Durchschnittswert.«

»Eben, eben! Ich kann auch noch früher sterben.«

»Ist das jetzt eine Drohung? Im übrigen: Du kannst auch sterben, ohne in den Rollstuhl zu kommen.«

»Das will ich auch sehr hoffen. Wir reden jetzt aber von der Situation des Schiebens.«

»Gut, daß du zum Thema zurückfindest. Kannst du mir denn nicht einfach, ohne daß wir jetzt entscheiden, wer zuerst von dieser Welt …, nein, darüber möchte ich nun wirklich nicht nachdenken … So tu mir doch einfach einmal den Gefallen, daß ich es bin, die geschoben wird. Wann bitte ich dich schon einmal um einen Gefallen!«

»Vielleicht werden wir auch beide geschoben, von Fremden.«

»Ist das jetzt wieder einer von deinen Scherzen? Hast du so etwas schon einmal gesehen? Das ist doch völlig unwahrscheinlich.«

»Alles passiert irgendwann zum ersten Mal. Gerecht wäre es jedenfalls.«

»Also, wenn das gerecht ist, daß wir beide in den Rollstuhl kommen. Gibt es denn keine Gerechtigkeit mehr?«

»Nein, das meine ich nicht. Es wäre gerecht unter uns, von einem zum anderen gesehen.«

»Auf diese Art von Gerechtigkeit kann ich gerne verzichten. Zuletzt haben wir entschieden: Ich werde geschoben. Dabei sollte es nun auch wirklich bleiben. Bitte keine weiteren Ablenkungsversuche. Du machst mich noch richtig böse.«

*

»Wenn du darauf bestehst, werde ich dich natürlich schieben.«

»Darauf könnte ich mich schon freuen.«

»Wer freut sich denn darauf, in einem Rollstuhl zu sitzen?«

»Nun fang nicht schon wieder an. Du weißt doch, wie ich

es meine! Wenn ich schon in einem Rollstuhl sitzen muß, dann wäre es ein schöner Gedanke, ein richtiger Trost wäre es, von dir geschoben zu werden. Übrigens, weißt du, es gibt auch elektrisch betriebene Rollstühle, davon könnte jeder einen bekommen, und wir führen dann nebeneinander her, könnten uns bei der Hand nehmen. Ja, nun schau nicht so empört. Die beiden Rollstühle hast du selbst angeregt. Damit käme ich dir gern entgegen.«

»Wir würden also nebeneinander herfahren, auch wenn einer von uns gar keinen Rollstuhl benötigte?«

»Aber natürlich. Gerade dann. Das macht doch viel mehr Spaß.«

»Ich denke, man sollte damit nicht spaßen.«

»Das tue ich ja gar nicht, aber freuen darf man sich doch wohl darauf, oder?«

– Zweite Szene –

Im folgenden Jahr

»Irgendwie spüre ich, daß wir wieder zusammen hier sind.«

»Du meinst, auf unserer Strandpromenade?«

»Ja, irgendwie spüre ich deine Gegenwart, und ich spüre auch etwas von diesem Ort, der uns so lieb war.«

»Du hast recht. Mir geht es ebenso.«

»Wir können uns wohl nicht sehen, oder siehst du mich?«

»Ich fürchte, nein.«

»Eigentlich höre ich dich auch nicht richtig sprechen. Ich sehe und höre überhaupt nichts, aber deine Gedanken sprechen zu mir.«

»Da muß man sich wohl gehörig in acht nehmen.«
»Denkst du denn oft an Dinge, die ich nicht weiß oder nicht wissen darf?«

»Eher selten. – Nun sag aber, wie fühlst du dich?«
»Ich fühle mich irgendwie ... abstrakt.«

»Das ist typisch für dich, aber ich fühle mich ähnlich.«

*

»Ist dir nicht auch so, als hätten wir eben noch im Flugzeug nebeneinander gesessen, auf unseren reservierten Plätzen, um nach hier in die Sonne zu fliegen? Da muß etwas passiert sein.«

»Du meinst einen Absturz? Das wäre uns sicher nicht entgangen.«

»Dann war es wohl eher eine plötzliche Explosion oder ein Zusammenstoß? Ich glaube, das kann so schnell gehen, daß man nichts davon merkt.«

»Vielleicht malen wir uns die Geschichte mit dem Flugzeug auch nur aus, weil wir so etwas immer befürchtet haben.«

»Aber wir haben auch gesagt, es sei das Beste, zusammen zu sterben, jedenfalls ohne lange zu leiden, vor allem dann, wenn es uns nicht bewußt wird.«

»Dann träumen wir jetzt vielleicht nur?«
»Wir können doch nicht gleichzeitig dasselbe träumen.«

»Wieso nicht? Wenn man ein ganzes Leben lang zusammen gelebt hat, kann man auch schon einmal dasselbe träumen.«

»Aber, woher weiß das denn der eine vom anderen? Und daß wir im Traum miteinander darüber reden, das ist doch völlig unmöglich.«

»Doch, wenn du das jetzt träumst.«
»Und daß du genau das jetzt in diesem Augenblick zu mir sagst, das träume ich wohl auch!«
»Ja, ganz genau. Das gehört mit zu deinem Traum. Das ist nur konsequent.«
»Also, ich weiß nicht. Tote träumen nicht.«
»Du bist immer so direkt. Daß wir tot sind, steht noch gar nicht fest. Aber immerhin, du könntest träumen, daß wir tot sind. Ich glaube, das kann man.«
»Ich könnte das nicht, und das möchte ich auch nicht, auf keinen Fall. Im Dunkeln daliegen und träumen, daß man tot ist, das ist mir zu unheimlich. Rede mir das jetzt nicht ein!«
»Dann machen wir eben ganz sachlich ein Experiment. Versuche bitte einmal, mich wegzuträumen, also, mich aus deinem Traum herauszuträumen, dann wissen wir, ob du …, also, ob wir nur träumen.«
»Dann versuchst du es aber auch.«
»Gut, also jetzt gleichzeitig.«
»Einen Moment noch! Wir könnten auch versuchen, wach zu werden oder, was hältst du davon: uns gegenseitig zu wecken.«
»Ich weiß nicht, ob man im Traum tun kann, was man möchte. Aber in Ordnung. Wir versuchen das jetzt alles.«

*

»Du bist noch da.«
»Du auch.«
»Es hat sich nichts geändert. Es geht also nicht.«
»Das bedeutet … Was bedeutet das denn eigentlich?«
»Daß wir nicht wach geworden sind.«

»Das kenne ich. Das kommt beim Träumen vor, daß man wach werden will, in einem Alptraum, es aber nicht fertig bringt.«

»Es kann aber auch bedeuten, daß wir gar nicht schlafen und auch nicht träumen.«

»Aha, also doch!«

»Was meinst du mit ›also doch‹?«

»Daß wir doch tot sind.«

»Ja, so ähnlich.«

»Nicht ›so ähnlich‹. Entweder – oder.«

»Ich fürchte, wir sind nicht nur tot, sondern auch völlig körperlos, ohne Augen, Ohren, Münder, Hände, Füße und was man sonst noch braucht ...«

»Was sollen wir denn jetzt noch brauchen? Ich mache dir einen Vorschlag. Was hältst du davon: Wir haben unseren Körper verlassen. Nach dem Absturz liegt er irgendwo, freilich ein wenig beeinträchtigt, sagen wir einmal auf dem Meeresgrund oder in einem Kornfeld oder Waldstück oder, stell dir einmal vor, auf einer bunten, duftenden Blumenwiese ...«

»Nun hör bitte auf! Ich möchte nicht, daß du so wegwerfend über meinen, also über unsere Körper sprichst. Da hilft mir auch deine Blumenwiese nicht. Irgendwie hänge ich an meinem Körper. Das ist doch ganz natürlich.«

»Sicher. Aber in welchem Zustand? Wäre es dir denn lieber, in einem langsam verwesenden Körper herumzuliegen oder zu laufen? Das ist doch scheußlich und überdies mühsam. Da finde ich die Körperlosigkeit noch vergleichsweise angenehm. Den Übergangszustand haben wir dann schon ganz und gar hinter uns oder einfach übersprungen. Ich meine: Es hat auch sein Gutes, tot zu sein und seinen Körper los zu sein. Offengestanden: Ich hatte es mir ein Leben lang schlimmer vorgestellt. Wer tot ist, hat aber das Schlimmste hinter sich.«

»Wahrscheinlich aber auch das Beste und Schönste. Du siehst nichts mehr, hörst nichts mehr und, was für dich besonders wichtig ist, schmeckst nichts mehr und überhaupt ...«

»Daran müssen wir uns eben gewöhnen, auch ohne deine ungalanten Anspielungen. – Ach, spürst du die Strandpromenade noch?«

»Ja, ein wenig, in deinen Gedanken.«

»Weißt du noch, wie du mich im Rollstuhl schieben wolltest? «

»Ich wollte dich doch gar nicht schieben.«

»Jetzt fang nicht wieder mit dieser uralten Diskussion an!«

»In unserem Zustand gibt es nichts mehr zu schieben. Wo kein Körper ist, braucht man auch keinen Rollstuhl.«

»Wenn wir schon nicht träumen, könnten wir uns da nicht wenigstens vorstellen, daß wir träumen? Das wäre doch viel schöner als die Vorstellung, tot zu sein. Man könnte dann immer noch an die Möglichkeit denken, aufzuwachen und lebendig zu sein.«

»Das könnten wir versuchen. Es ist aber sicher nicht einfach.«

»Ich glaube, es ist das einzige, was uns noch bleibt im Alter.«

»Du bist immer so pathetisch. Mit unserem Körper sind wir doch auch unser Alter losgeworden, und wenn ich es recht bedenke, so sind wir überhaupt recht jung, an anderen Toten gemessen.«

»Da siehst du es! Du könntest mich also noch sehr gut in meinem Rollstuhl schieben, auf der Promenade, in der Sonne, in Gedanken.«